KB261273

약함이 강함입니다

지은이　김홍덕
초판발행　2011년 2월 15일

펴낸이　배용하
책임편집　한상미
등록　제364-2008-000013호
펴낸곳　도서출판 대장간
　　　　www.daejanggan.org
　　　　대전광역시 동구 삼성동 285-16
　　　　전화 (042) 673-7424　전송 (042) 623-1424

ISBN　978-89-7071-202-4

값 12,000원

약함이 강함입니다

김 홍 덕 지음

차례
CONTENTS

소리 없는 국경절 폭죽놀이

10월 1일은 중국의 국경절國慶節:꿔칭제이다. 1949년 10월 1일 마오쩌둥이 천안문광장에서 중화인민공화국의 탄생을 선포한 날을 기념하는 것이다. 따라서 2010년 국경절은 중국 탄생 61주년이 되는 날이다. 우리는 올해 우리가 선교하는 지역인 중국 남부 S성 여러 지역에서 농아들을 섬기고 있는 농아지도자를 위한 수양회를 열었다. 그동안 수양회 명목으로 자주 모이긴 했어도 이번에는 이들의 노고를 위로도 할 겸해서 중국인들이 즐겨 찾는 아미산 자락에 있는 어느 산장을 빌려 모임을 했다. 아미산. 이곳은 유구한 불교문화와 아름다운 자연환경이 그 가치를 인정받아 낙산 대불과 함께 유네스코 세계자연문화유산에 등재된 중국 4대 불교성지 가운데 한 곳이다. 두 산이 서로 마주보는 모습이 마치 '아름다운 여인의 눈썹峨眉'을 닮았다고 해서 아미산이라고 이름 지어졌을 정도로 산세가 아름답고 웅장해 오래전부터 불교신자는 물론 세계 각처로부터 관광객들이 몰려들고 있다.

하지만, 우린 아미산이 어떻게 생겼는지도 모른다. 2박3일 우리가 머무는 동안 계속해서 비가 내렸다. 비가 내려서 산에 못 오른 것은 아니다. 2박3일 동안 빡빡하게 짜인 우리의 일정 때문이기도 했지만, 그 누구도 산에 오르자고 말하는 사람도 없었다. 관광객으로 북적거리는 저잣거리 모퉁이에 있는 산장에서 우리는 말없이 뜨겁게 주님을 찬양했다. 사실 아직도 중국에서는 기독교인들이 공공연하게 모임을 할 수가 없다. 60여 명이나 되는 믿음의 식구들이 함께 모여 찬양을 하고 성경공부를 한다는 것은 상당한 위험부담이 있다.

60여 명 중 10여 명의 건청인을 빼고는 나머지는 모두 농아인이다. 건청인들도 농아사역을 하는 사람이기 때문에 모두 수화를 사용할 수 있다. 따라서 모두가 마음껏 뜨겁게 찬양을 해도 노출의 위험부담이 거의 없다. 들리지 않기 때문이다.

한번은 농아인들의 예배에 공안들이 닥친 일이 있었다. 열심히 수화로 찬양할 때였다. 도대체 무엇을 하느냐고 공안들이 다그쳤다. 수화를 도무지 알아들을 수 없는 공안들이 정기적으로 모임을 하는 농아인들이 궁금했던 모양이다. 농아지도자가 얼른 둘러댔다.

"우린 지금 건강 기체조 하는 겁니다."

"아 그래요. 열심히 하십시오."하고 공안들이 떠났다.

하긴 수화 찬양이 기체조하고 똑 닮긴 닮았다. 소리 나지 않는 찬양이 위력을 발한 셈이다.

중국 공산당의 탄생을 경축하는 국경절에 드려지는 농아인들의 잔치. 참으로 묘한 긴장이 흐르는 잔치의 날이었다. 아침부터 미국에서 간 우리 팀의 강의가 이어졌다. 이 모임에 참석하려고 하루 꼬박 버스와 기차를 몇 번씩이나 갈아타고 오느라 온종일 굶은 지도자들도 많이 있었다. 그럼에도, 아무도 피곤해 하는 기색이 없었다. 모두 행복한 모습이었다. 정말 좋으냐고 물었더니 "그럼요. 제가 언제 이런 명산에 와보겠어요? 그런데 이런 명산 자락에 앉아 하나님을 찬양할 수 있으니 얼마나 좋은지요?"

저녁예배가 시작되었다. 소리 없는 찬양이 시작되자 저마다 손짓으로 열심히 하나님을 찬양했다. 소리가 없으니 멜로디도 없다. 앞에서 찬양을 인도하는 자매도 농아인이다. 멜로디가 없으니 찬양의 흐름을 따라 하기가 쉽지 않다. 그럼에도, 이들의 손동작은 바닷물처럼 은혜의 파도를 일으키고 있었다.

강의가 시작되었다. 강의가 시작된 지 얼마 되지 않아 갑자기 폭죽이 터지기 시작했다. 창밖으로 현란한 불꽃들이 춤을 추기 시작했다. 일제히 창밖을 쳐다보았다. 우리 농아 식구들은 불꽃의 아름다운 열심에 살짝 미소로 답할 뿐 다시 강의에 열중했다. 정작 밝은 귀를 가졌다고 자랑하던 우리는 정신이 하나도 없었다. 불꽃이 정신을 빼앗기도 했지만, 불꽃과 함께 쾅쾅 터지는 폭죽 소리 때문에 강의를 하는 강사의 목소리가 전혀 들리지 않았다. 강의를 통역하는 수화통역사조차 바로 옆 강사의 목소리를 듣는데도 힘이 들 정도였다. 불꽃놀이는 점점 더 난이도를 높여가며 신바람을 냈고 폭죽 소리는 더욱 요란해졌다. 우리는 더욱 심란해지기만 했다. 무려 한 시간가량 폭죽이 난리를 쳤다. 보통 때 같으면 모든 사람이 감탄사를 연발했을 불꽃놀이가 오늘만큼은 복음의 방해물이 된 셈이었다.

그런데 웬일일까? 우리 농아인들에게는 폭죽이 전혀 방해가 되지 않았다. 소리가 들리지 않기 때문이었다. 듣고자 하는 복음의 열정 때문에 불꽃은 그저 강의를 밝혀주는 반딧불처럼 보였다. 아, 복음의 신비함이여. 강의를 하는 강사나 소리를 알아듣는 사람들에게는 폭죽 소리 때문에 강의에 집중할 수가 없었는데도 농아인들에게는 전혀 방해가 되지 않았으니 말이다. 누가 장애인인지 헷갈리는 현장이 아닐 수 없었다. 신비한 밤이었다. 폭죽으로 신나게 떠드는 국경절의 밤에도 이렇게 복음은 소리 없이 전해지고 있었다.

강의가 끝나고 어느 강사가 기도 인도를 하는데 수양회의 열기에 너무 감동한 나머지 통성으로 기도하자고 했다. 농아들의 통성기도라. 소리를 지르라는 뜻인가? 몸을 흔들라는 말인가? 수화하는 손을 마구 흔들라는 것인가? 이내 사태를 파악한 강사도 멋쩍은지 "그럼 잠시 눈을 감고 하나님의 말씀을 조용히 묵상합시다"라고 사태 수습에 나섰다. 그러나 사태는 더 커져 버렸다. 농아들이 눈을 감고 한참이나 기도에 열중했다. 문제는 강사가 "이제 그만하고 저를 보세요"라고 탁자를 두드리고 소리를 쳤지만 아무도 눈을 뜨는 사람이 없었다. 그들의 기도를 중단할 수가 없었다. 그들은 들을 수 없기 때문이었다. 우리가 돌아다니며 한 사람 한 사람 흔들어 눈을 뜨게 하느라 한바탕 소동 아닌 소동을 벌여야 했다. 농아인들은 기도할 때도 눈을 뜨고 한다. 기도하는 사람의 수화를 보려면 눈을 뜨고 있어야 한다. 이처럼 복음을 전달하는 방법이 다르다는 것을 이해해야 한다. 선교를 한다고 하면서 자신의 방법을 끝까지 주장하는 사람들이 많다. 복음은 아직 복음을 모르는 자들을 위해 존재한다는 것을 잊지 말아야 한다.

농아인들에게는 눈이 보배다. 그러니까 볼 수 없으면 대화도 할 수 없다. 우리는 앞에 가는 사람에게 "이봐요!" 하면 되지만 농아인들은 달려가서 앞사람을 일단 잡고 이야기해야 한다.

여담이지만 설교시간에 떠드는(?) 농아인들도 있다. 설교시간에 자기들끼리 열심히 수화로 떠드는 사람이 있는데 그것도 서로 멀리 떨어져 앉은 사람하고 떠든다. 멀리 있는 사람에게 말해도 옆 사람에게 방해되지 않는 대화수단인 수화가 편할 때도 있다. 하지만, 다른 짓을 한다면 설교에 방해되기는 마찬가지다.

농아인들에게 복음을 전하는 일은 조금 절차가 복잡하다. 통상 우리 같은 외부 강사가 가면 절차는 더 복잡해진다. 가령 한국인 강사가 중국 한족 농아인에게 강의를 한다고 하자. 한국말로 강의하면 그 옆에서 일단 중국말로 통역한다. 한국말을 직접 중국 수화로 통역하는 사람이 거의 없기도 하고 그중에는 건청인 중국 사람도 있기 때문이다. 그런 다음 수화통역사가 중국말을 중국 수화로 통역한다. 몇 년 전에는 영어 수화를 사용하는 미국인 농아를 중국 농아인 지도자 모임에 강사로 초청한 일이 있다. 영어 수화를 아는 분이 일단 영어 수화를 한국말로 통역했다. 한국말을 다시 조선족 도우미가 중국말로 통역하고 그것을 받아 중국 수화로 다시 통역하는 복잡한 과정을 거쳤다. 강사도 답답해하고 듣는 사람도 답답하긴 마찬가지였다. 하루를 지내더니 미국인 농아 강사가 통역과정을 집어치우자고 했다. 자기가 그냥 미국 수화로 강의해도 중국 농아인들이 대강 이해를 할 수 있을 것 같다고 했다. 서로 수화를 하다 보니 공통점이 많고 서로 짐작으로 대충 이해할 수 있겠노라고 했다. 아니나 다를까, 일주일을 같이 지내더니 서로 의사소통을 하는 데 문제가 없어 보였다. 수화는 사람의 동작을 나타내 보이는 그림 문자이기 때문에 금방 배울 수 있는 장점이 있다.

많은 사람이 똑같은 질문을 한다. "아니 수화도 방언이 있습니까?" "왜 수화를 세계적으로 통일시키지 않죠?" 이 말은 "왜 모든 나라의 말을 통일시키지 않죠?" 하는 말과 같다. 수화도 각 나라에 흩어져 사는 농아인들의 고유 언어이기 때문에 문화적으로 다 다른 수화를 사용하고 있다. 그러니까 농아들을 위한 농아 사역자, 농아 전도자들을 배출하는데 특별한 투자가 필요하다.

A선생 부부

중국 남부 S 지역에서 농아인들을 위해 자신의 삶을 헌신한 우리 선교회 A선생 부부는 이제 겉으로 보면 도무지 한국사람 티가 나지 않는다. 그렇게 보이는 자신들이 그렇게 행복하단다. 이제 겨우 선교사가 된 표이기 때문이란다. 이들은 신학공부를 할 때부터 중국을 품고 기도해왔다. 중국에서 선교하려면 중국말을 잘하고 중국 사람들의 생각과 문화를 익히는 게 관건이라고 생각했다. 이때는 중국과 한국이 수교하기 전인지라 타이완으로 들어가 아예 신학공부를 그곳에서 중국말로 공부했다. 이때 사귄 선생님들과 친구들이 지금도 많은 도움을 주고 있다. 신학공부를 마치고 본토로 들어가려고 기도를 했다. 어느 도시로 가야 하나 많은 고심을 했다. 그러나 한 가지 확실한 기준이 있었다. 그 조건은 한국 사람이 한 명도 없는 곳이었다. 첫째 이유는 남이 일하지 않는 곳에서 일하기 위함이었고 둘째는 한국 사람들과 만나다 보면 중국말 배우기도 느리고 또 중국 사람처럼 사는데 방해가 되기 때문이었다. 정말 중국 사람으로 산지가 이제 15년이 훌쩍 넘었다. 지금은 이곳에 한국 사람들과 한국 선교사들도 늘어났다.

유행가가 흐르는 찻집에서 드리는 예배

각종 물건을 파는 시장의 상점과 상점 사이의 좁은 길에 의자를 펴 놓고 차를 파는 찻집에서 드리는 예배. 누가 이런 곳에서 예배를 드릴까? 옆 상점에서 확성기로 호객하는 아주머니의 목소리가 화차의 기적소리만큼이나 크다. 앞집 다방에서는 아침부터 흘러간 유행가가 낡은 스피커를 통해 찢어져 나온다. 옆길 대로에서는 지나가는 차들의 경적소리가 쉴 새도 없이 이어진다. 이런 북새통에도 아랑곳하지 않고 미소를 지으며 소리 없이 찬양하는 무리가 있다. 그냥 목소리로 찬양하는 것이 아니라 온몸으로 손짓하며 찬양을 한다. 기도도 말씀도 조용히 경청한다. 중국에 갈 때마다 방문하는 중국 어느 도시 한구석에서 드리는 중국 농아인들의 예배모습이다. 비록 예배 처소가 없어

서 길거리에서 예배를 드려도 그들에겐 기쁨이 충만하다. 옆에서 떠드는 소리를 들을 수 없는 것이 오히려 축복이 되는 것이다. 아직은 길거리에서 공식적으로 예배를 드리는 것이 허용되지 않는 나라에서 마음껏 목청 높여(?) 찬송을 드려도 시비를 거는 사람들이 없어 다행이다. 세상이 아무리 시끄럽게 떠들어도 하나님 말씀에 집중할 수 있는 침묵이 복이 된다. 이처럼 왁자지껄한 길거리에서도 예배에 집중할 수 있는 무리가 있는 반면 세련된 성가대의 찬양과 최고의 음향시설을 통해 우아하게 들려오는 설교시간에도 마음속으로는 유행가를 흥얼거리는 사람들도 있으니 예배는 정녕 환경이 아니라 마음의 집중인 듯싶다.

이들과 예배를 함께 드리면서 말씀을 전하는 농아인 전도자의 설교를 알아들을 수 없어 답답했지만, 온몸을 사용해서 말씀을 전하는 전도자의 모습에서 뜨거움을 전달받았다. 말로 할 수 없기에 더욱더 열정적으로 몸을 던져 말씀을 전하는 농아인 전도자. 눈을 똑바로 떠서 한순간도 놓치지 않으려는 농아인들. 이들은 예배 중에 고개를 돌리거나 눈마저 자주 깜빡거릴 수가 없다. 눈으로 예배를 드리기 때문에 한눈을 팔다가는 수화를 보지 못해 문맥을 놓치기가 일쑤이기 때문이다. 환경적으로 말한다면 이보다 더 열악한 환경에서 예배드리는 교회가 어디 있을까? 하지만, 예배를 드리는 모습이 이보다 더 진지한 교회가 또한 어디 있을까 싶다. 예배가 끝나자 차 한잔하라고 서로 끌어당기는 그들의 모습에서 진한 사랑을 느꼈다. 다만, 서로 대화를 할 수 없어서 답답한 마음으로 그저 이를 드러내어 웃어줄 뿐이었다.

중국 농아 실정

복음화율 25%를 자랑하는 한국에서도 농아인의 복음화율은 2%에도 미치지 않는다. 중국에서는 농아인이야말로 완전 미전도 종족이다. 선교학적으로도 중국의 농아를 미전도 종족에 포함시키고 있다. 몇만 명이 되지 않는 미전도 종족을 위해서 성경을 번역하고 선교사를 파송하고 있다. 그런데 2천7백만 명이나 되는 중국의 농아인들을 위해서는 완전히 손을 놓고 있다. 지금은 선교도 전략선교의 시대이다. 중국의 농아선교는 그야말로 황금어장이다. 그물만 던지면 찢어져 들어 올릴 수 없을 만큼 복음의 대박이 날 곳이 버려져 있다. 소리를 들을 수 없어 복음도 들을 수 없을 것이라고 단정한 지난 세대들의 잘못을 회개하는 심정으로 농아인들에게 빠른 걸음으로 다가가야 하겠는데 관심을 기울이는 자가 너무 적다. 오, 하나님! 누구를 보내 2천7백만이나 되는 중국 농아들에게 복음을 듣게 하실 겁니까?

중국의 최근통계2005에 의하면 중국 전체 장애인의 수를 8천3백만 명으로 추산한다. 그중에 농아인이 2천백만 명이다. 이는 전체 중국인 13억을 기준으로 한 것이다. 그렇게 볼 때 중국은 전체 인구의 6.3%를 장애인으로 추산하고 있다. 아직도 국제기준WHO에 미흡한 수준이다. 중국의 비공식인구는 이보다 훨씬 더 많아서 전문가들은 중국의 청각장애인 수를 2천7백만으로 추산한다.

왜 이처럼 중국에 청각장애인들이 유독 많을까? 정확한 조사 결과가 나와 있지 않아서 그 과학적인 이유를 알 수는 없지만, 하나님의 또 다른 이유는 알 수 있을 것 같다. 그것은 마지막 때 쓰시는 하나님의

선교적 마음이다. 사람들은 청각장애인들을 일컬어 말을 못하고 들을
수 없는 장애인이라고 한다. 그래서 그들은 복음을 들을 수도 없고 전
할 수도 없다고 생각한다. 심지어는 대 신학자인 루터마저 "믿음은 들
음에서 나며"라는 성경구절을 들어 청각장애인들은 들을 수가 없기
때문에 그들에게는 구원도 없다는 식으로 해석한 바 있다. 마지막 때
는 영적인 귀가 먼 시대다. 이때 주님은 하나님의 말씀을 전해야 할 사
명을 가진 하나님의 백성이 귀가 어둡고 눈이 멀고 입을 막고 있다면
돌들로 소리 질러 하나님의 나라를 전파하신다고 하셨다. 마지막 때
에는 기존의 방법과 제도에 혁명적인 반전이 온다. 약한 자가 강한 자
를 다스리고 지혜 없는 자가 지혜 있는 자를 부끄럽게 한다. 할 수 없
다고 생각되는 사람들이 놀라운 능력을 발휘한다.

> 하나님께서 세상의 미련한 것들을 택하사 지혜 있는 자들을 부끄럽게 하
> 려 하시고 세상의 약한 것들을 택하사 강한 것들을 부끄럽게 하려 하시며
> 하나님께서 세상의 천한 것과 멸시받는 것들과 없는 것들을 택하사 있는
> 것들을 폐하려 하시나니 고전1:27~28

　　이것이 장애선교의 비밀이다. 그만큼 마지막 때가 가까웠다. 반대로
말하면 복음의 반전이 예기치 않은 곳에서 폭발할 것임을 예고하신
것이다.

특수선교, 특수한 사람들이 하는 걸까?

장애인들을 위한 선교를 소위 특수선교라고 한다. 특수선교하면 특수한 사람들을 대상으로 하기 때문에 선교를 하는 사람들도 특별한 기술 또는 지식을 가진 사람들이나 할 수 있는 것으로 생각한다. 특수한 사람을 위한 특수선교라? 과연 농아인들을 비롯한 장애인들이 특수한 사람들인가? 미국을 비롯한 선진국에서는 장애인들을 특별한special 사람이라고 부른다. 그리고 이들을 위한 교육을 특수교육special education이라고 한다. 생김새나 가치 또는 기능에서 특별나다는 뜻이 아니라 특별한 관심과 교육이 필요하다는 뜻에서 붙여진 이름이다. 그런데 우리나라에서는 특수하다는 것이 보통사람과는 다른 별종이라는 뜻으로 받아들여진다. 그래서 별종들을 위해서는 별종의 사람들이 일해야 한다는 고정관념이 생겼다.

특수선교라는 말 자체가 바람직한 용어는 아니다. 특수선교는 특수한 사람을 대상으로 하는 것이 아니다. 다만, 특별한 관심과 특별한 사랑을 가지고 하는 사역이다. 특별한 관심과 사랑이 있으면 다른 문제는 쉽게 해결된다.

예를 들어 "난 수화를 할 수 없어서 농아선교를 할 수 없습니다"라고 말한다면 "난 중국말을 할 수 없어서 중국선교를 할 수 없습니다"라는 말과 같다. 중국말을 하지 못해도 얼마든지 중국선교를 할 수 있는 것처럼 수화를 못해도 농아를 사랑하는 방법은 무궁무진하다.

장애인이 특수한 사람들이 아닌 것처럼 장애인을 사랑하는 사람들도 특수한 사람들이 아니며 그들을 전도하는 방법도 특수한 방법이 따로 있는 게 아니다. 다만, 그리스도의 사랑만 있으면 된다. 나머지는 선교부의 전문 팀워크로 가능한 것이다.

또 하나의 선교적 질문이 있다. 예수님이 가난한 자, 병든 자, 장애인들을 돌보셨던 이유가 특수선교를 통하여 직접선교의 문을 열려는 것이었던가?

많은 사람이 특수선교는 간접선교로서 직접선교의 문을 열려는 방편이라고 말한다.

그렇다면, 예수님은 말씀사역을 효과적으로 하시기 위해 특수선교부터 시작하셨던가? 결코, 아니었다. 예수님이 병자를 고치시고 장애인을 일으키심 그 자체가 말씀의 선포였고 성령의 임재였으며 하나님나라의 도래였다. 이런 그의 사역 자체가 하나님나라의 본질사역이었다. 그러나 언제부터인가 예수님께서 하신 이런 본질 사역이 특수사역이란 이름으로 그럴듯하게 포장되어 간접선교라는 명목으로 변두리사역으로 밀려나게 되었다.

한편, 소위 특수선교를 하는 선교사들은 직접선교를 하지 못하고 있다는 자괴감에 빠져 피곤해하고 있다.

주님께서 가난한 자에게 빵을 주고, 병자를 고치시고, 장애인들을 일으키신 그 순간 하나님나라가 임했으니 그 자체가 복음이요, 선교요, 승리였던 것이다.

그런데 언제부터 특수선교 현장에는 빵만 있고, 병원, 고아원, 복지원만 덩그러니 서 있는 가운데 그 언젠가 열어주실 말씀 사역을 기다리는 쓸쓸한 현장이 되고 말았는가?

간접선교라고 생각하고 복지적 접근으로 만족하는 자리에 성령의 역사가 있을 리 만무하다. 소위 말하는 특수선교 현장에 성령의 바람이 불어오도록 해야 한다. 특수선교 현장에 말씀의 권능을 되찾아야 한다. 특수선교의 현장이야말로 가장 큰 영적 전쟁터다. 이제 더는 복지적 접근에 머물지 말고 영적 전쟁차원으로 접근해야 한다.

우리 주님은 선교를 직접선교, 간접선교, 일반선교, 특수선교로 나누신 일이 없다. 육체의 모습을 보고 특수한 사람들이라고 구분한 일도 없다. 모든 육체가 하나님의 형상대로 지음을 받았고 모든 육체에 하나님의 성령을 부어주실 것이라고 말씀하셨다. 이제 특수선교사역에 새로운 패러다임이 정립되어야 한다. 아이러니하게도 그 새로운 패러다임이라는 게 우리 주님이 하신 사역의 본질로 돌아가는 것이니 전혀 새로운 것도 아니다. (이 본질적인 이야기에 대해서는 본인의 책 『장애신학』을 참조하기 바란다.)

중국 장애선교 대모와의 만남

내가 장애선교에 관심을 두게 된 것은 내가 신학교에 막 들어가서 전도사로서 첫 사역을 시작했던 뉴욕 모교회에서 만난 Y 집사님 때문이다. 이분은 당시 내가 맡았던 주일학교의 부장집사이셨다. 언제나 잔잔한 미소를 지으시며 말없이 섬기시던 집사님의 섬김이 나에겐 무척 힘이 되었다. 집사님이 어느 날 모처럼 말문을 여셨다.

"전도사님, 중국 농아선교에 대해 생각해 보신 일이 있으세요?"

"예, 저는 중국 농아는커녕 장애의 장자도 모릅니다. 제 주변에 장애인은 한 사람도 없고 장애인과 가까이 지낸 적도 없습니다. 그런데 왜 물으세요?"

"제가 한국에 있을 때 충현교회에서 농아부를 섬겼습니다. 미국으로 온 이후 중국에 있는 농아들을 위해 계속 기도하고 있습니다. 한 10년 후에 중국으로 가서 그들을 섬기려고 기도하고 있습니다."

이제 막 신학교에 입학한 나로서는 집사님의 그런 계획이 너무나 고상해 보였을 뿐이다. 집사님과의 만남이 중국 장애선교를 위하여 마련한 하나님의 계획인지는 꿈에도 미처 몰랐다. 뉴욕에서 세탁소를 운영하고 계시던 집사님과 남편 장로님 가정이 기도의 제목을 실행에 옮길 수 있을 거라고는 솔직히 기대하지 못했다. 미국의 빠듯한 삶. 하나밖에 없는 귀여운 아들을 두고 갑자기 훌훌 중국으로 떠날 것이라고는 쉽게 상상이 되지 않았기 때문이다. 그런데 정말 10년 후 집사님은 남편과 아들을 미국에 남겨둔 채 홀로 중국으로 떠나셨다. 그 후 집사님은 해마다 기가 막힌 선교보고를 보내오셨다. 미국에 나오실 때마다 신나게 중국 선교 이야기를 들려주시면서 이제 내가 할 일이라고 도전을 주셨다. 그러나 나의 마음이 중국을 향하는 데는 아주 많은 시간이 걸렸다.

집사님을 처음 만난 이후 연결된 여러 장애 사역자들과의 만남이 나로 하여금 장애인에 대한 눈을 뜨게 하였고 교회사역을 하면서 장애인들을 위한 사역을 하는 계기가 되었지만, 결코 풀타임으로 장애사역을 할 것이라고는 상상도 하지 못했다. 어렸을 때부터 꿈꾸던 교회 목회사역. 거기에 맞는 하나님이 주신 좋은 성품과 탤런트 때문에 다른 사역은 생각해 보지도 않았었다. 그러나 하나님은 처음부터 다른 계획을 세우고 계셨던 것 같다. 그런 하나님의 계획을 알기까지 많은 세월이 또 흘렀다. 갑자기 원인을 알 수 없는 병으로 오랫동안 누워있는 동안에도 집사님의 중국 농아사역은 흥미진진하게 전개되고 있었고 난 누워서 중국 선교를 위해 기도할 뿐이었다. 물론 중국 선교사역 현장을 몹시도 보고 싶었지만 움직일 수 없는 육체는 나를 선교지와 오랫동안 떼어놓았다.

오랫동안 아파 아무것도 할 수 없을 때에도 하나님은 짓궂게도 당신의 계획을 착착 진행하고 계셨다. 먼저 나에게 선교의 눈을 뜨게 하셨다. 몇 년씩이나 누워 있으면서 할 수 있는 일이라곤 기도와 성경 묵상 그리고 인생에 대한 반추뿐이었지만 오히려 나에겐 주님을 깊이 묵상할 수 있는 시간이어서 행복했다. 설교를 하려고 남에게 들려주었던 성경 말씀이 설교할 수 없게 되자 비로소 나에게 들려지기 시작했다. 남을 가르치려고 준비했던 성경공부에서는 볼 수 없었던 선교적 하나님나라가 목회현장을 떠나 성경을 읽으니 선교적 하나님나라의 실체가 보이기 시작했다. 중국이 보이기 시작했고 선교를 사모하게 되었다.

그러나 정작 선교를 사모하게 되자 몸을 가눌 수가 없게 되었으니 답답함은 증가하였다. 하나님은 점점 희한한 방법으로 나를 압박해 오셨다.

누워서 아무것도 할 수 없는 병중에서 딸을 주신 것이다.(나의 딸 조이 이야기는 다음 장에서 하기로 한다) 장애아를 주신 것이다. 그제야 손을 들었다.

"장애선교를 온전히 하려면, 그리고 장애인 가족의 마음을 이해하려면 장애도 겪어보고 장애아도 키워보고 장애관련 공부도 해야 하는 거야"라고 생각하시는 하나님의 마음을 깨닫자 나도 모르게 웃음이 나왔다.

"쳇, 하나님의 계획이 그렇다면 진작부터 차근차근 말씀해 주실 것이지. 나 같은 순종파가 거절할까 봐 그러셨나요?"

나도 알고 하나님도 안다. 자발적으로는 순종할 수 없는 길이라는 것을. 하나님이 그런 계획을 세웠다고 나에게 다가와 다정하게 "다른 어느 것으로부터 얻을 수 없는 놀라운 행복을 맛보게 해 줄게"라고 나를 설득했다면, 또 나에게 선택권이 있었다면 내가 기쁨으로 아멘 하고 선택했겠는가?

집사님은 Y 선교사가 되어 지금도 중국에서 사역하고 계신다. 집사님이 중국으로 떠나시고 몇 년 후 남편 장로님도 사업을 접고 중국사역에 합류하셨다. 나에게 장애선교의 눈을 뜨게 하신 집사님(나는 Y 선교사님이라고 부르는 것보다 Y 집사님이라고 부르는 게 훨씬 친근하다. 집사님으로부터 받은 영향이 크니까)께 지금 무척이나 감사하고 있다. 특별히 Y 선교사님께서 일구어 놓으신 밭에 가서 물 주는 일을 하게 되어 그 기쁨은 배가 된다.

Y 선교사님이 하신 많은 일을 쓰고 싶지만, 보안에 관련된 일들이 많아 더 쓸 수 없는 것이 안타깝다. 하늘에 쌓일 상급만 바라보고 이

땅의 것에는 별로 신경 쓰지 아니하시는 집사님으로부터 배운 것이 너무나 많다. 선교사 이전에 집사님의 삶이 나에게 많은 영향을 주었다.

말 못하는 사람들이 마음껏 전도하는 곳

Y 선교사님이 뿌려놓은 씨앗이 열매를 맺어 이제 농아인 지도자들이 꽤 양성되고 농아인 교회들이 수십 개나 개척이 되었다. 계속해서 지도자들을 배출하기 위하여 농아인 지도자 신학훈련원을 비공식적으로 운영하고 있다. 지금은 미국의 국제농아선교회가 이 일을 이어받아 섬기고 있다.

Y 선교사님이 농아인 지도자들을 훈련하고 전도하시던 이야기를 들려줄 때마다 눈시울을 적시곤 했다.

"여러분, 이다음에 우리가 하나님 앞에 설 때 하나님께서 '중국의 그 많은 농아인들 중에 왜 이렇게 조금 밖에 여기 오지 않았지?' 하고 물으시면 어떻게 하겠어요? 그래서 제가 먼저 와서 여러분에게 복음을 들려 드리는 거에요. 이제는 여러분이 중국의 농아인들에게 복음을 전할 책임이 있어요."

Y 선교사님은 시간이 날 때마다 농아인 지도자들을 데리고 기차를 타고 전도를 나가곤 하셨다. 인근도시에 농아교회를 개척하기 위해서

다. 이미 말한 대로 중국에는 농아인이 많다. 기차를 타도, 시장에 가도, 운동장에 가도 농아인이 보인다. '농아인이 보인다' 라고 표현하는 것은 그들이 수화를 사용하기 때문에 금방 알아볼 수 있기 때문이다. 교회를 세우기로 정한 도시까지 기차를 타고 전도를 한다. 중국에서 기차를 타고 전도여행을 하다 보면 때로는 이틀 사흘 기차를 타고 가야 할 때도 잦다. 말을 못한다는 농아인들이 전도를 나간다. 소리를 내서 전도하면 아직도 잡혀 들어가는 중국 땅이지만 이들 농아인들은 장시간 말씀을 전해도 끄떡없다. 소리 없이 말씀을 전하기 때문이다. 수화로 열심히 말하는 저들의 말을 보통사람들이나 공안원들이 도무지 알아들을 수가 없기 때문이다. 한번 농아인 전도단의 눈에 발각(?)된 농아인들은 장거리 여행을 해야 하는 관계로 꼼짝없이 항복할 때까지 전도자의 말씀을 들어야 한다. 소리를 지르며 항의를 할 수도 없는 노릇이다.

이처럼 장애인이 선교의 주체로 사용되는 땅이 바로 중국이다. 보통사람들은 전도하고 싶어도 공공연하게는 할 수 없는 곳. 그러나 농아인들은 버젓이 전도를 할 수 있는 곳. 참으로 일반 법칙을 뒤엎어 놓은 곳이 바로 중국이다. 정상인이라고 생각하는 사람들은 입 다물고 말 못하는 장애인이 되고 말 못해서 장애인이라고 하는 농아인들은 마음껏 전도하는 곳. 장애선교의 비밀이 바로 이런 것이다. 이런 비밀 때문에 장애선교는 항상 흥미진진하다.

지금까지 장애인들은 도움을 받아야 하는 동정의 대상이나 전도를 받아야 하는 선교의 대상 정도로 생각해 왔을 뿐 세계 선교를 함께 짊어지고 가는 선교의 주체로 생각하지 않았다. 그러나 우리 주님은 장애인도 하나님나라 선교의 주체가 될 수 있다고 하신다. 예수님께서 공생애를 시작하시면서 장애인들과 함께 이방 선교를 시작하시면서 장애인을 바로 선교의 주체로 부르셨다. 장애인도 선교의 주체라는 성경적 사실을 아무리 핏대올려(?) 외쳐보아도 광야를 가르는 바람처럼 아무도 들어주는 이 없어 정작 외로워 할 때쯤 하나님은 그 성경적 사실을 그대로 중국에서 증명해 보여 주셨으니 어찌 내가 감격하지 않겠는가! 또 때가 되어 올해 초 『장애신학』을 출간하여 장애선교를 신학적으로 정립하게 되어 이제 장애선교는 힘차게 앞으로 나갈 수 있게 되었다.

다시 찾은 카자흐스탄

카자흐스탄, 알마티. 내가 1991년 선교사로 첫발을 내디딘 곳이다. 그만큼 설레는 곳이기도 하지만 한편 깊은 아쉬움이 남는 곳이다. 선교사로 오래 사역을 하지 못하고 조기 철수를 해야 했기 때문이다.

2004년. 내가 이곳 알마티를 다시 찾은 이유는 이곳에서 활약하는 카자흐스탄 농아축구단을 만나보고 또 그들의 자활을 돕도록 트럭 한 대를 기증하기 위해서였다. 카자흐스탄 농아축구단은 조이선교회(협력) 이민교 선교사가 이끄는 카자흐스탄 농아축구 국가대표팀이다.

지금은 종교의 자유가 보장된 곳이긴 하지만 아직도 이슬람권에 속해 있는 관계로 마음껏 전도한다는 것은 매우 제한적이다. 이런 곳에서 장애선교는 또 큰 역할을 해내고 있다. 카자흐스탄의 경제가 비약적으로 발전하고 있긴 하지만 장애인들의 몫은 아직도 요원하다. 농아들이 할 수 있는 일 또한 별 뾰족한 일이 없다고 한다. 이 선교사가 근처에 사는 농아인들에게 축구나 하자고 소식을 전했더니 농아인들이 몰려들었다고 한다. 같이 놀아주다가 축구에 소질이 있는 친구들을 모아 축구를 가르쳤더니 제법 잘하더란다. 함께 밥을 먹고 자고 하다가 자연히 예수님도 소개했다. 많은 농아인 친구들이 축구단을 통해 예수를 믿고 지금은 농아인 교회 지도자가 된 친구도 여럿 있다. 말을 하지도 못하고 듣지도 못하는 친구들이 어떻게 서로 공을 패스하느냐고 감독인 이민교 선교사께 물었다. 경기도중 수화로 말할 수도 없으니 말이다.

"농아들은 소리를 듣지 못하기 때문에 처음에는 패스하면서 서로 부딪치고 넘어지고 하면서 다치기도 많이 했습니다. 농아인들은 눈으로 먼저 확인을 해야 움직이는 사람들이기 때문에 공을 예상한 곳에 질러 넣는다는 개념을 가르치기가 매우 어려웠습니다. 보고 달리기 때문에 꼭 한 박자가 늦어요. 하지만, 그야말로 피나는 훈련 끝에 지금은 저 사람들이 농아인인가 할 정도로 조화롭게 경기를 이끌어 가고 있습니다."

이 선교사는 처음에는 우즈베키스탄에서 사역했었다. 그곳에서 농아축구단을 만들어 2000년 대만에서 열린 아시아 농아축구대회에서 당당 3위에 올랐다.

이 선교사는 당시를 회상했다.

"선수들에게 꿈을 심어 주고 싶었습니다. 사람들의 도움으로 선수단의 비행기표를 겨우 손에 쥘 수가 있었습니다. 그러나 선수들이 먹고 잘 호텔경비가 없어서 경기장 라커룸에서 자면서 라면과 초콜릿으로 끼니를 때우고 뛰었습니다. 그런데 우리 선수들은 그게 문제가 되지 않았습니다. 외국에 나와서 볼을 찬다는 것 자체가 기적이자 감격이었기 때문이었습니다. 자신의 한과 꿈을 볼과 함께 차는 듯했습니다. 결국, 3위에 오르는 기적 같은 일이 일어난 거죠."

떠나올 때는 아무런 관심도 받지 못하다 팀이 3위를 차지하고 돌아갈 때는 공항에 내리자마자 본국 우즈베키스탄 언론의 플래시 세례 속에 국가적인 환영을 받았다. 이후 이 선교사는 공식적으로 우즈베키스탄 국가농아축구팀의 감독으로 임명을 받았고 2004년 말레이시아 대회에서 다시 4위를 차지했다.

농아축구를 통하여 농아인들에게 꿈을 심는 이 선교사의 발끝의 공은 지금도 카자흐스탄의 땅끝을 돌고 있다.

선교도 돈이 없으면 못한다. 하물며 축구팀을 운영하는 데는 돈이 많이 든다. 국제 경기 한번 참가하려면 어마어마한 돈이 든다. 언제나 남에게 손을 벌리는 것도 한계가 있다. 그래서 생각해 낸 것이 농아축구단의 자립이다. 그렇게 되기까진 많은 시간이 걸리겠지만, 천 리 길도 한 걸음부터라는 생각에서 시작한 것이 '춤추는 콩나물'과 '행복한 두부' 장사다. 콩나물에도 두부에도 독특한 이름을 붙여주었다. 콩나물과 두부를 만들어 팔고 다닐 트럭이 필요하다고 해서 조이선교회 선교부가 트럭을 사준 것이다. 조이선교회 이름을 따서 'Wheel of Joy' 기쁨의 자동차라고 지어주었다.

이 선교사가 들려주는 많은 감동적인 이야기 중에 아직도 내 가슴속에 맴도는 이야기가 있다. 한번은 한국에서 농아축구단을 위해 침술 선교단이 방문한 일이 있다고 한다. 부상이 잦은 운동선수들에게 침술이 아주 효과적이기 때문에 침술 선교단의 사역이 많은 도움이 된다고 했다. 침술에 아주 특별한 재능이 있는 한의사가 중이염 때문에 후천적으로 농아가 된 농아축구단의 한 선수에게 이렇게 말했다고 한다.

"후천적으로 농아가 되었으면 침술로 귀가 열리게 할 수가 있어요. 치료받지 않을래요?" 이렇게 묻자 그 선수는 손사래를 치며 일어나면서 이렇게 대답을 했다고 한다.

"내 귀를 고치게 되면 다시는 축구단에서 축구를 할 수 없으니 고치지 않겠어요."

축구가 얼마나 좋길래. 이들에게 있어서 축구는 단지 놀이가 아니었던 것이다. 축구가 꿈이자 삶 그 자체였던 것이다.

이 선교사가 설명을 덧붙였다.

"저 친구들이 농아인으로서 축구를 잘하지만, 솔직히 말해 일반인과 경쟁할 수는 없잖습니까? 그런데 귀를 고쳐 정상인이 되어버리면 자신이 축구선수로 뛸만한 팀이 없다는 것을 저 친구도 잘 아는 거죠."

다시 찾은 카자흐스탄 알마티. 운동장에서 땀 흘리며 소리 없이 뛰는 농아축구선수들을 보면서 "저들은 가슴으로 아픔을 안고 뛰며 고통마저 소리 없이 우는구나!" 하는 생각을 했다. 돌아오는 비행기 안에서 내려다보이는 알마티의 도로에 일자로 세워진 가로등이 모두 축구공으로 보였다.

외로운 농아인 친구들

질문 자체가 성립되지 않는 것이지만 사람들이 오해하기 때문에 억지로 만든 질문이 하나 있다. "맹인과 농아인 중에 누가 더 불쌍합니까?" 사람들은 장애인을 생각할 때 불쌍하다는 생각부터 하지만 그들은 불편하긴 하지만 사실 불쌍하진 않다. 불쌍한 사람이 많기는 비장애인들에게 더 많다. 이 질문을 하면 열이면 열 모두 "그야 맹인이 훨씬 더 불쌍하죠."

"왜 그렇게 생각하죠?"

"그야 맹인은 보지 못하기 때문에 잘 돌아다니지도 못하죠. 보이는 것이 없어서 세상을 즐기지도 못하죠. 얼마나 불편해요. 반면에 농아들은 귀만 안 들릴 뿐이지 잘 보이기 때문에 가고 싶은 곳 마음대로 돌아다니죠. 하고 싶은 일 마음대로 하죠. 거의 불편함이 없겠죠."

이 가정이 사실일까?

농아인들이 마음대로 돌아다닐 수 있을 것 같지만, 사실은 그렇지 못하다. 자신들의 언어를 알아듣는 사람들이 거의 없기 때문이다. 그래서 이들은 아무리 많은 사람이 모여 있는 곳이라 할지라도 항상 구석에 따로 모여 있다. 수화를 사용하는 그들이 수화를 사용하지 못하는 일반대중으로부터 고립될 수밖에 없기 때문이다. 반면에 맹인들은 자신이 항상 다른 사람의 도움을 받아야 하는 관계로 비장애인들과 언제나 함께 한다. 보이지 않기 때문에 항상 다른 사람에게 말을 걸어 대화한다. 들을 수 있기 때문에 미디어를 통해 세상 돌아가는 일에 정통하다. 농아인들은 자기들끼리만 대화할 수 있기 때문에 언제나 자기들끼리 쳐다보고 있어야 한다. 수화를 읽어야 하기 때문이다. 다른 일반인들에게 말을 걸 수도 없고 말을 걸어와도 들을 수 없고 또 말을 걸어오는 사람도 없다. 이처럼 농아인들은 사회로부터 언어적 격리가 심하다 보니 사회로부터 신체적인 격리 또한 매우 크다. "함께 있어도 외롭다"라는 말은 이들 농아인들에게 가장 적절한 말인 것 같다.

과학 발달로 농아인들에게도 혜택이 생기기 시작했다. 자막은 원래 청각장애인들을 위해 고안된 것이다. 전화로 서로 말을 주고받지 못해 답답해하는 농아인들에게 팩스는 그들의 전화가 되었다. 휴대전화의 출현으로 처음에는 농아인들이 더욱 고립될 뻔했으나 문자 메시지의 등장으로 이제 농아인들은 혁명적인 삶을 누리게 되었다.

문자 메시지! 모든 사람이 말없이 살고 싶어한다. 그저 두 손가락으로 언어소통을 하는 시대가 되었다. 모든 사람이 농아인이 되어간다. 마치 농아인들이 부러운 것처럼 산다. 그러나 말없이 살아야 했던 농아인들은 문자 메시지를 통해 날아다니고 있다. 문자가 날아다닌다. 말이 날아다닌다. 농아인들이 상상도 못한 세계가 열린 것이다. 갇힌 곳에서 탈출해 하늘을 날아다니는 기분이다. 너무도 두텁고 단단했던 대화의 장벽이 베를린 장벽 무너진 것보다 몇천 배의 위력으로 무너진 것이다. 이제 농아인들은 마음껏 말하고 있다. 그동안 보통사람들하고 대화할 수가 없었다. 비상시 고작 필담으로 몇 자 나누던 것에서 이제는 그 어느 곳에 떨어져 있는 사람이라 할지라도 문자 메시지를 보내 대화를 할 수 있다. 세상이 많이도 변했다.

에디슨의 고백

발명의 왕 에디슨이 청각장애를 가지고 있었다는 사실은 잘 알려진 사실이다. 에디슨은 나중에 "나는 내가 청각장애를 가지고 있었기 때문에 발명에 몰두할 수 있었다"라고 말하면서 청각장애가 그의 인생을 막는 장애가 아니라 창조를 위한 디딤돌이 되었음을 겸손하게 고백했다.

에디슨이 드디어 전구를 발명했을 때 기자들이 물었다.

"전구를 발명하기까지 2천 번 실패했다고 들었습니다. 보통 사람들 같으면 포기했을 일을 어떻게 그 많은 실패에도 끝까지 성공할 수 있었습니까?"

"난 한 번도 실패한 일이 없습니다. 단지 한 번의 성공을 위해 2천 번의 과정을 거쳤을 뿐입니다."

에디슨은 위대한 발명가 이전에 인생을 아는 사람이었다. 자신이 발명가라는 자존심을 내세우기 전에 진정한 발명가는 위대하신 하나님이라는 것을 안 사람이었다. 하나님이 창조해 놓으신 것을 끝까지 발견해 나가는 것이 발명가의 일이라는 것을. 그래서 그는 포기하지 않은 것이다. 자신은 무에서 유를 창조할 수 없다는 것을 알았다. 그러기에 이미 창조해 놓으신 하나님의 비밀을 찾아 끝까지 달려갔을 뿐이다.

여기 에디슨이 남긴 자신의 삶의 철학이 담긴 말을 몇 개 소개한다.

"사람들이 말하는 대부분의 실패는 자신들이 포기한 시점이 얼마나 성공에 가깝게 있었는지 모르기 때문에 일어난다."

"나는 잘못 시도된 나의 노력이 다음 단계로 나아가려는 것임을 알기에 실망하지 않는다."

"항상 더 나은 길이 있다."

"우리는 어떠한 것의 일 퍼센트의 백만분의 일도 알지 못한다."

"나에게 완벽하게 만족한 사람을 보여달라. 그러면 내가 실패자를 보여주겠다."

"열심을 대신할 것은 아무것도 없다."
"대부분의 사람이 기회를 잃어버리는 이유는 그것이 일하는 작업복을 입
  고 있기 때문이다."
"천재는 1%의 영감과 99%의 땀으로 된다."

꼭 들어야 할 것을 듣는 게 복입니다

  오늘날 속칭 '문화인' 하면 많은 것을 아는 사람을 말한다. 그래서 많이 알고자 많이 듣는다. 많이 들으려고 많은 들을거리를 찾는다. 사람들에게 무언가 들려주고 싶어하는 사람도 많고 들려주는 매체도 많다. 이제 웬만큼 충격적이거나 센세이션하지 않으면 귀를 기울이지도 않는다. 들을 것의 홍수시대라는 표현은 이제 너무 진부하다. 귀를 막아도 들리는 '열린 귀의 시대' 라고나 할까? '열린 귀' 언뜻 좋은 표현 같지만, 고장이 난 귀다. 다른 사람의 말을 잘 들어주고 어떤 비판에도 열린 마음으로 듣는다는 뜻에서 열린 귀라는 표현을 하곤 하지만 걸러주는 장치가 없는 열린 귀는 쓰레기를 채우는 진공청소기나 마찬가지다. 열려 있기만 한 고장난 귀다. 우리가 모든 소리를 다 듣는다면 금방 즉사하고 만다. 가청 주파수라는 게 있다. 우리가 들을 수 없는 주파수대가 있다는 것인데 사실 들을 수 있는 것보다 들을 수 없는 음역대가 더 넓다.

  예를 들면, 지구가 도는 소리를 듣는다면 전 인류의 고막은 다 터져버릴 것이고 박쥐가 쏘는 신호를 듣거나 벌레들이 지저귀는 소리를

듣는다면 우린 제정신으로 살아갈 수 없을 것이다.

이처럼 우리 귀가 적당한 범위 안에서만 들을 수 있도록 거름망 역할을 하지 못한다면 도리어 우리 생명이 위험해진다. 그래서 들을 수 없는 우리의 한계에 감사해야 한다.

하나님도, 예수님도 간절하게 "귀 있는 자는 들을지어다!"라고 하소연하시지 않는가!

그러므로 세상의 잡소리에 귀먹고 하나님의 말씀엔 귀 열린 자가 복된 사람이다. 많이 듣는 자가 복된 사람이 아니고 꼭 들을 것을 듣는 자가 복된 사람이다.

2부 '다운'이 무엇입니까?

조이의 출생

1997년 12월 24일 크리스마스이브. 심장에 이상을 가지고 태어났기 때문에 태어난 순간부터 3주 동안 신생아 중환자실에 입원해 있었던 조이가 드디어 집에 오는 날이다.

조이를 품에 안고 가필드병원 문을 나서자 유독 바깥바람이 차갑게 몸을 밀어붙였다. 아기가 살아갈 운명을 예고한 것일까? 집으로 돌아가는 길 골목골목마다 반짝 빛나는 크리스마스 트리의 불빛마저 피곤하여 조는 듯 가물가물하게 보였다.

지금 이 시간부터 나의 '다운'과 함께 세상을 헤쳐나가야 한다. 집에 돌아와 조이를 크립_{유아용 침대}에 뉘였으나 나의 시선은 조이의 얼굴에 고정되어 있었다. 정말 조이가 이 세상에 태어나지 말아야 할 아이인가? 과연 얼마나 살 수 있을까? 여러 가지 생각이 머리를 스치고 지나갔다. 병원에서 퇴원할 때 조이를 엄마에게 인계한 간호사의 짜증 어린 얼굴은 아직도 잊히지 않고 가슴속 깊은 상처로 남아있다.

"아니, 미리 알았다면서 왜 무책임하게 애를 낳았는지 모르겠네."

간호사는 혼잣말로 중얼거리며 아이의 퇴원 수속을 하는 내내 못마땅한 표정으로 퉁퉁거렸다.

아니, 미국에서 어떻게 이런 편견을 가진 의료인들이 있을까? '다운' 아이를 갖는다는 게 그만큼 심각하다는 뜻일까? 미국에 살아도 자기 출신 지역에 따른 문화적인 이해는 어쩔 수 없나 보다. 이 간호사는 아시아 지역에서 온 간호사였다. 아마도 그녀의 문화적인 배경이 장애아에 대한 비호감으로 나타났으리라 생각한다.

하지만, 퇴원하는 첫날 들은 의료인의 한마디가 평생 상처로 남는다. 지금 행복하게 사는 조이와 조이가 주는 기쁨으로 하루하루 살아가는 나와 아내를 그 간호사가 한 번만이라도 보았으면 좋겠다. 행복은 외적인 조건으로 주어지는 게 아니라는 것을 알게 될테니까.

아내가 임신했다고 했을 때 믿을 수가 없었다. 그때 난 원인 모를 병으로 몇 년 동안 누워 있었고 정신마저 가물거릴 때였다. 새 생명이 생겼다면 자리에서 벌떡 일어나 손뼉을 치며 즐거워했을 기쁜 소식임에도 나도 아내도 임신소식에 확정판결을 받은 미결수의 모습처럼 고개를 동시에 떨구었다.

이미 10살, 13살 난 두 아들이 있기도 했지만, 무엇보다도 나의 건강 때문에 반가운 일이 아니었다. 정상적인 생활이 불가능한 때 어떻게 아이를 잘 돌볼 수 있겠나 하는 걱정이 앞섰기 때문이었다. 남들은 늦둥이가 생겼으니 얼마나 좋으랴 하며 개중에는 은근히 부러워하는 눈치를 주었지만, 우리에게는 결코 반가운 선물이 아니었다.

노산이니 검사를 해보자는 의사의 지시가 떨어졌다. 난 의사가 시키는 일이니까 무조건 받아야 하는 줄 알았다. 그 지시를 들었을 때만 해도 그 검사가 어떤 의미가 있는 검사인지를 잘 몰랐다. 피검사. 태중의 아이의 건강상태가 어떤지 알아보겠다는 것이었다.

건강한 아이라고 판정을 받았으면 좋겠다. 만일 태아에게 문제가 있다면 어떤 문제일까? 그렇다면, 출생 후에 많은 어려움이 있겠구나. 하는 정도로만 생각했었다. 이때의 판정을 근거로 태아의 생존 선택권이 부모에게 있다는 의미가 담겨 있는지는 나중에 의료상담원이 우리에게 친절하게 설명을 해줄 때 비로소 알게 되었다.

검사결과를 말해주는 의사의 목소리는 대법원 판사의 목소리처럼 들렸다.

"염색체 이상, 척추 이상, 두뇌 이상. 이 세 가지 부분에서 심각한 이상 징후가 있으니 정밀 검사를 받아보기 바람. 검사결과 만일 이 세 가지 모두 이상으로 나타난다면 아이는 태어나서도 6개월 이상 생존하기 어려움. 이상."

머리가 뱅 도는 것 같았다. 우리 부부는 서로 그저 바라볼 뿐 아무 말도 할 수 없었다.

"도무지 이해할 수 없는 하나님!"

하나님은 정말 이해할 수 없는 하나님이었다.

주의 종으로 부름 받아 그 어려운 공부 다 마치고 오직 목회만을 사명으로 알고 몸이 부서질 정도로 달려왔던 목회생활. 목회자만이 느낄 수 있는 고통 중의 신비한 희열을 좀 누릴(?) 즈음 갑자기 찾아온 바이러스 친구가 나를 완전 폐인으로 만들고 말았다.

"아무리 내가 생물학을 전공한 박애주의자라고 해도 그렇지. 바이러스 너, 내 몸에 들어와 잠깐 놀다가라고 했지. 누가 쿡 처박고 들어앉으라고 했니?"

이름도 언급하기 싫은 처음 들어보는 이름의 바이러스가 내 병의 원인이라고 찾아낸 것도 발병하고 죽음의 문턱에서 오락가락할 정도의 고통이 거의 일 년이 되어서였다. 그동안 의사를 잘못 만나 오진에 오진을 거듭하면서 각종 다른 항생제를 6개월이 넘도록 입안에 털어 넣어야만 했었다.

여러 병원과 의사를 거친 후 나에게 붙여진 병명은 '면역결핍무력증' 이라는 것이었다. 또는 '만성피로증후군' 이라고도 했다.

원인을 찾는데 이토록 장기간 오락가락해야 했지만, 처방을 내리는 데는 모든 의사가 한결같이 조금도 주저함 없이 아주 빨리 대답을 했다.

"이 병은 아직 원인도 모르고 따라서 처방도 없습니다. 그저 푹 쉬는 길밖에 없습니다."

이 병은 미국에서 장애의 목록에 올라 있다. 나도 장애인인 셈이다. 그러나 나는 장애인이기를 거부한다. 이 이야기는 나중에 하기로 하자.

이렇게 고통에 허덕거리고 있을 때 아이가 덜컹 생겼다니 반가울 리가 없었다.

내 병을 치료할 약이 없으니 난감한 일이다. 아내도 간호사다. 이 세상의 의학에 대해서 잘 알고 있다. 그 한계를. 오죽했으면 나를 마지막으로 진찰한 서양 의사마저 이렇게 대답을 했을까?

"정말 죄송한 답이지만 내가 해줄 수 있는 일이라고는 하나도 없습니다. 그저 정기적으로 건강검진을 받으시고 푹 쉬십시오. 지금으로서는 약도 없고 치료방법도 없습니다. 혹시 동양 사람들이 하는 식으로 현미 같은 자연식을 해보시죠."

아내가 자연식 연구에 들어갔다. 일본에서 효험을 보고 있다는 야채즙 치료책을 사서 열심히 연구했다. 그리고 식생활을 전면 자연식으로 바꾸었다. 투정하는 아이들에게도 무조건 현미밥을 먹였다. 열 가지쯤 되는 곡식가루를 씹어먹었다. 야채즙 짜는 일은 생각보다 어마어마한 노력을 요구했다.

생전 처음 맛보는 비트와 파슬리를 비롯한 평소에는 거의 맛보지 않는 채소들이 주메뉴가 되었다. 그저 생야채를 씹어 먹는 게 아니라 증세에 따라 서로 다른 채소들을 조합해서 즙을 짜내 마셔야 한다. 그런데 녹즙은 짜고 나서 15분 이상이 되면 효과가 없다고 해서 바로바로 짜 먹어야 한다. 믹서에 갈면 영양소가 파괴된다고 해서 거금을 들여 녹즙기를 샀다. 매우 무거운데다 한번 짤 때마다 이마에 땀이 송골송골 맺힐 정도로 힘이 들었다. 아내는 나를 위해 하루에 적어도 세 번 즙을 짰다. 한번 야채즙을 내려면 채소에 섞여 있을 농약을 제거하기 위해 물에 담가놓았다가 또 일일이 솔로 닦아냈다. 그때만 해도 유기농 채소를 파는 곳이 드물었고 값 또한 너무 비싸 감당할 수가 없었다.

즙을 짜고 또 녹즙기를 닦아야 한다. 한번 녹즙을 짜고 씻는 데까지 빨라야 한 시간이다. 일어나자마자 녹즙 갈아놓고 아이들 밥 챙겨 놓고 출근하여 온종일 수술실에서 정신없이 일하다가 집에 돌아오자마자 녹즙기부터 돌리는 아내. 그리고 아이들 챙기고 저녁 먹고 또 녹즙기 돌리고 씻고. 이렇게 몇 년 똑같은 일을 반복했다. 이런 아내의 지극한 정성으로 몸은 느리나마 계속 좋아졌다.

'다운'이 무엇입니까?

정밀검사 결과가 나왔다. 주치의가 "좋은 소식과 나쁜 소식이 함께 있습니다”라는 말로 설명을 시작했다.

"먼저 좋은 소식은 걱정했던 척추나 뇌에는 이상이 없는 것으로 나왔습니다. 나쁜 소식은 태아의 염색체에 이상이 있습니다. 우리는 그 것을 '다운신드롬' 이라고 부릅니다."

"도대체 '다운' 이 무엇입니까?"

처음 듣는 이름에다가 '다운' 이라는 이름에 호감이 가지 않았다. '다운' 이라는 말을 듣자마자 '녹다운당했다', '기분이 다운되었다', '시스템이 다운되었다' 이런 생각이 먼저 들었다. '업' 해도 시원치 않을 텐데, '다운' 이라니. 도대체 '다운' 의 정체가 무엇인지 궁금하기도 하고 기분도 울적해서 대들듯 의사에게 물었다.

"아, '다운신드롬' 이란 '다운' 이라는 의사가 최초로 이 장애를 과학적으로 규명한 분이기 때문에 그 의사의 이름을 따서 붙인 이름입니다. 신드롬증후군이란 이름이 붙은 이유는 짐작하시겠지만 정확한 원인과 치료법을 알지 못하는 병명에 '신드롬' 이라는 이름을 붙인답니다. 그러니까 Dr. 다운이 염색체 이상으로 생긴 병이라고 규명을 하긴 했지만, 염색체 이상이 어떻게 해서 각종 병과 장애를 유발하는지 아직 알 수가 없습니다. 그래서 다운신드롬이라고 이름을 붙인 것입니다."

원래 생물학을 전공하고 의학 미생물학까지 공부한 적이 있기 때문에 의사의 설명이 오히려 나에게는 아이를 이해하는 데 도움이 되었다.

"염색체 이상이 왜 생겼나요? 혹시 우리 둘 중에 누구에게 잘못이 있는 걸까요? 아니면 임신 중에 먹지 말아야 할 것을 먹었기 때문일까요? 제가 임신 초기에 임산부를 위한 비타민이 좋다고 해서 먹은 일이 있거든요. 그리고 입덧이 너무 심해 한약을 달여먹은 일이 있습니다. 혹시 이게 원인일 수 있지 않을까요?" 아내가 근심 어린 표정으로 의사를 바라보며 질문을 쏟아냈다.

"다운신드롬을 유발하는 염색체는 사람의 21번째 염색체인데요. 어떤 이유로 21번째 염색체에 이상이 생기는지 아직도 그 원인이 밝혀지지 않았습니다. 저는 엄마가 의심하는 그런 이유로 염색체에 이상이 생길 수 있다고 생각하지 않습니다. 그리고 그 원인에 대해 너무 심각하게 생각하지 마세요. 지금부터는 염색체에 이상이 생겼다는 그 사실을 놓고 대화를 시작해야 할 것 같네요."

이렇게 해서 우리 아이는 자기의 고유이름이 생기기도 전에 '다운아이' 라는 이름부터 부여받았다.

"앞으로 아이를 어떻게 하실지에 대해서는 제가 어떻게 말씀을 드릴 수 없고 다른 전문가들이 도와주실 겁니다. 그럼 행운을 빕니다." 이렇게 해서 우리를 인도한 곳이 파사데나에 있는 어느 유전자 연구소였다.

다운증후군이 염색체 이상으로 생기는 장애이기 때문에 그것을 전문적으로 연구하고 치료방법을 안내해주는 유전자 연구소에 가서 전문적인 안내를 받으라는 것이었다.

나와 임신 4개월이 된 아내는 무거운 몸을 이끌고 유전자 연구소에 갔다. 초음파기계를 배에 갖다 대면서 아이를 보라고 했다. 야구장같이 생긴 화면 중앙에서 꿈틀거리는 형체를 가리키며 아기를 보라고 했다. 생명의 신비에 몸에 전율이 왔다.

"지금 아이의 크기가 얼마나 될까요?"

"보통 아이들보다는 작습니다. 하지만, 잘 크고 있어요. 크기가 아마 큰 밤알만 할 겁니다."

"그럼 지금 남자인지 여자인지도 아나요?"

"음, 염색체 검사를 하면 알 수 있지만 저희가 가르쳐 드릴 수는 없습니다."

염색체 검사를 해야겠다며 양수를 조금 뽑았다. 양수 안에 떠다니는 아이의 체세포에서 염색체를 검출하여 염색체 검사를 한다는 것이다.

다음번 의사와의 면담에서 검사결과 다운신드롬이 확실하다는 말을 들었다. 만에 하나, 천만분에 하나, 아니라는 소리를 듣고 싶었는데….

착잡해 하는 우리에게 의사는 차를 한잔 권하면서 우리를 위해 상담사가 기다리고 있으니 만나보고 가라고 했다.

"지금 그 누구도 만나고 싶지 않아요."

내가 고개를 저으며 정중하게 사양을 했다.

만나 담판을 지을 분이 따로 있었기 때문이었다.

하나님과 담판

"하나님은 정말 알 수 없는 분이십니다. 아니 심술쟁이십니다. 잔인하시기까지 합니다."

이런 생각이 머릿속에서 맴맴 돌기 시작했다. 이성적으로 생각해도 이치가 맞지도 않는다. 아무리 하나님에 대한 믿음에 비이성적 요소가 있다 하더라도 이건 아니다 싶었다. 주의 종으로 불러놓고 한참 일할 때 쓰러뜨리시더니 몇 년이 지나도 고쳐주시기는커녕 이번엔 장애아를 주시겠다면, "도대체 우리가 어떻게 주님의 일을 할 수 있단 말입니까?" "일을 하지도 못하게 하실 거면 왜 부르셨나요?"

아니라면 도대체 하나님은 어쩌시겠다는 건가?

이런 나 자신의 본질적인 질문 때문에 장애아로 태어날 아이에 대한 걱정은 아예 시작도 못 했다.

하지만, 부름 받은 우리에게 무슨 다른 방법이 있겠는가. 두 아이를 재운 후 아내와 함께 자동차를 타고 가까운 바닷가로 향했다. 바람을 쐬면서 기분 전환하기 위해서였다. 아무도 없는 곳에서 부르짖고 싶었다. 하나님의 뜻이 무엇인지 알고 싶었다.

캘리포니아의 3월 밤. 쌀쌀한 바닷바람은 스웨터를 뚫고 살에 파고들었다. 몸이 움츠려졌다. 백사장을 뛰다시피 했다. 저 먼발치 주님이 계시면 그 품으로 뛰어들어가고 싶었다. 날도 꾸물꾸물하고 그믐 때가 된 탓도 있었지만, 앞이 잘 보이지 않을 정도로 컴컴했다. 사람들도 거의 보이지 않았다.

해변에 아무도 없어서 오히려 좋았다. 아무것도 보이지 않아서 좋았다. 아무도 우릴 바라보지 않아서 좋았다. 그래서 우린 단독으로 주님을 만났다.

주님도 퍽 낭만적으로 다가오셨다.

우리를 만나고 싶어 바닷가로 유인하시더니 하늘의 큰 조명등은 다

꺼놓으시고 먼 하늘의 별 몇 개로만 간접조명을 해놓으셨다. 당신의 품에 파고들어야 할 만큼의 찬기운으로 우리를 당신의 품으로 달려들게 하셨다. 오늘만큼은 마음껏 부르짖으라고 파도소리도 주기적으로 장단을 맞추고 있었다.

나는 몸을 떨며 나직하지만, 무게 있게 따져 물었다.

"하나님 도대체 우리더러 어떻게 하라는 말입니까?"

"우리는 대책이 없습니다, 그럼 하나님은 갖고 계십니까?"

"장애아를 받으라는 겁니까? 아니면 유산시켜도 됩니까?"

"만일 장애아를 낳으라고 하신다면 고쳐주실 겁니까?"

"그럼 내 병은 어떻게 하시겠습니까?"

"목회를 하라고 하는 겁니까? 말라고 하는 겁니까?"

"하나님이 계획적으로 벌이신 일입니까? 아니면 그냥 바라만 보시는 일입니까?"

"과연 나에게도 선택권이 있는 일입니까?"

끊임없는 질문이 파도를 타고 저 멀리 하나님께 전달되고 있었다.

오래지 않아 주님으로부터 회신이 왔다.

그렇게 기도를 한 지 한 주일 정도 되었다. 생각보단 일찍 회신이 온 셈이다. 어떤 때는 금식을 하고 작정 기도를 해도 더디 하시더니만.

이날도 밤바다는 주님의 품 안으로 우리의 몸을 안기도록 쌀쌀했지만 이날 밤만큼은 따뜻하게 느껴졌다.

이날은 우리가 하나님께 더 드릴 말씀이 없었다. 이미 다 말해버렸기 때문이었다.

그저 밤바다 시꺼먼 백사장을 걸을 뿐 우리 부부는 서로 아무 말이 없었다.

말이 필요 없는 밤. 아니 말로서는 해결할 수 없는 밤.

그때 주님은 빛으로 찾아오셨다.

내 마음에 갑자기 환한 불이 타올라 왔다. 눈이 밝아졌다. 더는 깜깜한 밤이 아니었다. 여전히 빛이 없는 깜깜한 바닷가였지만 하늘에서 환한 빛이 내려오는 것을 보았다. 그리고 귓불에 따뜻한 바람이 스치는 것을 느꼈다. 그 바람은 가슴속에 파고들어 가더니 음성으로 바뀌었다.

"사랑하는 내 아들아, 내가 너를 사랑한다. 아무것도 염려하지 마라. 생명에는 다 이유가 있단다."

이 말을 남긴 채 바람은 내 몸을 빠져나와 다시 하늘로 올라갔다. 올라가면서 나의 모든 걱정과 근심을 나의 세포에서 몽땅 빼내 가버렸다.

눈을 들어 하늘을 보니 하늘에 새털 같은 구름이 길게 뻗어 있었고 가까운 숲 속에서 뛰어오른 갈매기 몇 마리가 푸드덕 하늘로 차고 올랐다.

신비한 밤이었다. 이날 이후로 난 정말 태어날 아이에 대해 걱정을 한 일이 없었다. 아니 걱정을 할래야 할 수가 없었다. 정말 나의 의지로 걱정과 염려를 꾹 누른 게 아니었다. 심지어는 나의 신앙으로 승화한 것도 아니었고 신기하게도 염려와 걱정이 순식간에 저 멀리 사라져 버렸다. 우리 부부는 오로지 태어날 다운아이를 그리워하고 있었다.

"과연 어떻게 생겼을까?"

"장애가 어느 정도일까?"

"우린 아이를 어떻게 도와주어야 할까?"

이렇게 해서 우리 부부는 아이가 태어나기 전에 다운증후군이 어떤 장애인지, 아이를 어떻게 키워야 할지 연구했다.

하나 더 있는 염색체, 빼주면 안 될까?

이제 우리 부부는 해답을 얻었다. 문제는 우리 두 아들이 어떻게 받아들일지가 걱정이었다. 장애아를 가진 가정에 형제들이 큰 혼란과 아픔을 겪는다는 것을 듣고 있었기 때문이었다. 난 두 아들에게 아기의 상태를 빨리 알려주길 원했다. 아기가 태어날 때까지 생각할 시간과 마음의 각오를 할 시간적 여유가 필요한 거니까. 하지만, 아내는 아기가 태어날 직전에 말하자고 했다. 그때까지 기도로 준비하자고.

아내의 말을 따랐다. 아기가 태어날 예정일을 한 달 정도 남겨두고 두 아이를 불렀다. 아내가 말문을 열었다.

"그동안 너희가 기다렸던 동생이 드디어 태어날 날이 얼마 남지 않았단다. 정말 보고 싶지?"

"물론이죠."

두 아들 녀석들은 씩씩하게 대답을 했다. 사실 이들은 가끔 엄마의 부른 배에 귀를 갖다 대고 아기의 움직이는 소리를 듣기도 하고 "아가야 잘 잤니? 이제 곧 밖으로 나오면 나랑 놀자!" 하며 동생을 사랑으로 기다리고 있었다.

아내가 아이들의 표정을 살피다가 다시 입을 열었다.

"그런데 뱃속에 있는 동생이 아프단다."

"어떻게? 뱃속에 있는 아기가 아프다는 걸 어떻게 알아? 아프면 약을 먹으면 되잖아?"

아기가 아프다는 말에 마치 자기들이 감기에 걸렸을 때를 연상하는 것 같았다.

"저번에 의사 선생님한테 갔더니 아기에게 문제가 있는 것 같다고 해서 검사를 했단다. 그런데 아기가 염색체 이상으로 생기는 '다운신드롬'이라고 하는 장애가 있다고 판명이 되었단다."

"다운신드롬? 다운신드롬이 뭐야?"

두 아이가 한목소리로 놀란 듯이 되물었다.

"다운증후군이란…"하고 대답하는 아내의 목소리는 마치 교실에서 아이들에게 설명하는 생물 선생님 같았다. 전혀 사적 감정이 끼지 아니한 공적 연설 같은 느낌이 들었다. 그만큼 아내는 태어날 '다운' 아이를 맞을 준비가 되어 있었던 것이다.

"사람에겐 저마다 23개의 염색체가 쌍을 이루어 46개씩 있는데 다운신드롬의 경우는 21번째 염색체가 하나 더 많아 생기는 장애란다. 이 장애 때문에 아기는 이제 태어나면 심장에 이상이 있어 수술해야 할 것 같고, 지적 능력도 낮아서 너희하고 말도 잘하지 못할 거야."

이쯤 설명하자 아이들의 얼굴에 걱정이 비쳤다. 두 아들이 동생을 사랑해야 할 텐데. 그렇게 되지 않더라도 동생 때문에 상처는 입지 말아야 할 텐데.

　　며칠이 지나지 않아 둘째 아들 예레미야Jeremiah가 엄마의 등을 두드
리며 말했다.

　　"엄마, 누가 뭐래도 아기는 내 동생이야. 걱정하지 마, 내 동생 내가
사랑해."

　　눈물이 날만큼 고마운 말이었다.

　　뱃속의 아기는 오빠들의 그 마음의 결정을 듣고는 더는 기다릴 필요
가 없다는 듯 예정일을 3주 앞당겨 세상에 나왔다.

　　심장에 이상이 있었기 때문에 태어나자마자 아기는 신생아 중환자
실로 옮겨졌다. LA 어린이병원LA Children's Hospital의 심장외과 의사는
수술하자고 했다. 태어나자마자 수술을 할 수도 있다고 했지만 4개월
을 기다려 수술을 하기로 했다.

　　날씨가 많이 풀려 따뜻해지던 부활절 며칠 전 늦은 저녁. 둘째 예레
미야가 젖을 먹이는 엄마에게 왔다.

　　"엄마, 내일 조이 수술하지?"

　　"응, 그런데?"

　　"그럼 내일 수술할 때 그 하나 더 있다는 염색체 빼주면 안 될까?"

　　둘째 아이의 눈망울이 너무 진지했다.

　　일전에 동생이 다운신드롬이란 장애를 가지고 태어난다고 말했을
때 다운신드롬이 염색체 하나가 더 있어서 생기는 장애라는 말을 듣
고 내내 마음에 걸렸었나 보다.

　　"아 엄마도 그럴 수 있었으면 얼마나 좋겠니? 그런데 사람의 세포가
셀 수 없이 많고 세포와 염색체는 눈으로 보이지도 않아서 수술로 뺄

수도 없단다."

실망이 역력한 둘째 아들을 아내는 꼭 안아 주었다.

지금도 두 오빠 다니엘Daniel과 예레미야는 동생 조이를 끔찍이 사랑한다. 우리 부부가 큰아이가 대학을 들어가고서 처음 기숙사를 방문했을 때 아들의 방 벽이 온통 동생 조이 사진으로 도배된 것을 보고 얼마나 놀라고 기뻤는지 눈물이 횡하게 돌 지경이었다.

친절한 상담, 어려운 결정, 쉬운 결단

유전자 연구소에서 '다운신드롬'이란 최종 결과 발표를 듣던 날 그날은 담당의사가 나오지 않고 상담사라는 분이 우리 부부를 맞이했다. 얼마나 상냥한 웃음으로 따뜻하게 맞이하던지 마치 고모네 집을 방문한 것 같은 착각을 일으키게 했다.

"안녕하세요, 제 이름은 수잔이라고 해요. 많이 속상하시죠. 아이가 다운신드롬이라는 최종판정을 받고 얼마나 마음이 아프세요. 울고 싶으면 마음껏 우세요. 저는 두 분을 도와드리려고 여기 왔어요. 어떤 결정이라도 부모님이 하자고 하는 대로 제가 도와드리겠습니다."

오히려 우리 부부가 당황할 정도였다. 만일 우리가 바닷가 기도 담판만 없었더라도 이날 펑펑 울었을지도 모르겠다. 그만큼 마음을 터놓을 만큼 편안한 자리였다. 그러나 이미 하나님이 주시는 아이라는 확답과 신비한 체험을 한 이후인지라 상담사의 노력이 오히려 미안하게 느껴졌다.

"걱정해 주셔서 감사합니다. 저희도 처음에는 좀 어려웠지만, 지금은 괜찮습니다. 아이를 감사히 받기로 이미 결정을 했거든요."

"아, 그렇군요. 잘했습니다. 그렇지만, 언제든지 마음을 바꾸셔도 괜찮습니다. 마음이 바뀌면 즉시 연락해주세요. 워낙 큰일을 당하다 보면 심적인 혼란이 오게 마련이지요. 이렇게 하려다가도 저렇게 하고 싶고. 지금 당장 결정을 하지 않아도 됩니다. 다만, 저는 두 분이 편안하게 마음을 가졌으면 합니다. 혹시 마음에 감당 못할 불안이나 분노 같은 것이 생기면 즉시 연락해주세요. 저희는 두 분이 원하는 대로 무엇이든 도와드릴 수 있다는 사실을 잊지 마세요." 말하며 명함 한 장을 건네주었다. 그러면서 다시 한 번 물었다.

"정말 아이를 갖기를 원하세요?"

"네, 그렇습니다."

"혹시 문화적인 죄책감이나 의무감에서 그렇게 결정하신 것이 아닌지 걱정이 되네요. 부모가 감당하지 못할 결정을 할 필요는 없습니다. 우리나라^{미국}는 다양한 선택의 문을 다 열어 놓고 있습니다. 아이를 갖기로 하실 때 아이가 순산할 수 있도록 도와드리고 그리고 아기가 태어나는 순간부터 아이의 장애에 관한 모든 문제를 도와드립니다. 또 아기를 낳긴 원하지만 키우는데 부담이 되신다면 입양동의서에 사인하시면 아이를 낳는 즉시 입양을 보내실 수 있습니다. 아니면 아이를 낳고 싶지 않으신다면 그것도 괜찮습니다. 지금 임신기간에 장애로 판정된 경우는 낙태가 법적으로 보장되어 있습니다. 그리고 아이를 위한 장례절차도 부모가 정하실 수 있습니다. 가능한 모든 시나리오에 대해 준비가 잘 되어 있습니다."

조근조근 조심스럽게 설명하는 상담사는 어떻게 해서라도 우리의 마음을 편하게 해 주려는 노력이 역력했다.

우리가 장애아를 임신했다는 소식에 대부분의 사람은 낙태를 권했다. 하나님도 우리 사정을 이해하실 거라는 논리가 대부분이었다.

어떤 분들은 우리 부부가 믿음이 커서 알고도 장애아를 낳았다고 칭찬을 한다. 알고도 장애아를 낳은 것이 칭찬받을 일인지는 모르지만 알고도 낙태를 했다고 함부로 정죄할 자격도 우리에겐 없을 것이다. 우리 부부가 알고서 조이를 낳은 것은 순전히 하나님의 선택이었고 하나님의 선물이었다. 우리 믿음의 분량으로 결정하라고 했다면 아마도 순종하기 어려웠을 것이다. 우리의 믿음을 잠시 정지시키시고 그의 결정을 미련스럽게 따르게 하셨을 뿐이다. 그렇기 때문에 어려운 결정에 대한 쉬운 결단이 되었던 것이다.

조이라는 이름

나의 사랑하는 딸 다운 아이 조이는 1997년 12월 2일에 부모의 간절한 기다림 속에 태어났다. 아이가 태어나면 아이의 이름을 무어라 지을까? 두 아이와 함께 이런저런 후보 명을 두고 논의를 했다. 임신 초기에 갈렙이라는 이름을 지어둔 일이 있었다. 그런데 딸이 나왔으니 갈렙이라는 이름은 일찌감치 탈락하였다.

사실 두 아들은 동생이 아들이길 바랐다. 함께 야구도 하고 축구도 해야 한다고.

그러나 조이라는 이름이 만장일치로 결정되기까지는 채 몇 분이 걸리지 않았다. 나와 아내가 간증했고 아이들이 오케이 했기 때문이었다. 첫째 아이 이름은 한국 문화의 전통을 따라 할아버지께 부탁해서 은식이라는 이름을 얻었고 둘째 아이의 이름 현식이는 내가 지었다. 물론 미국이름 다니엘, 예레미야는 내가 좋아하는 성경인물을 따라 붙여 주었다. 특별히 성경의 인물 다니엘은 내가 어렸을 때부터 좋아해서 스스로 다니엘이라는 별칭을 가졌고 미국에서는 다니엘이라는 이름을 쓰고 있을 정도로 좋아하는 이름이다. 그래서 첫 아이 이름도 다니엘이라 했다. 큰아들은 자기가 다니엘 주니어인 것을 자랑스러워 한다.

굳이 아이들과 함께 동생의 이름을 짓기 원했던 것은 특별히 태어난 아이의 이름이 엄마 아빠만의 이름이 아니라 우리 식구 모두의 사랑하는 이름이 되기 원했기 때문이다.

조이라는 이름은 우리 부부의 간증이다. 바닷가 기도를 통해 얻은 이름이기 때문이다. 그때 걱정을 가져가시고 하늘의 기쁨으로 우릴 감싸셨기 때문이다. 하늘 문이 열리면서 쏟아지는 기쁨을 온몸으로 마신 체험 이후 늘 기쁨으로 충만해졌다. 따라서 조이보다 더 좋은 이름은 없을 것 같았다. 조이, 나의 기쁨. 한국말 이름을 '조은' 이라고 지은 것은 사랑하는 딸이 나에게 있어서 더없이 좋은 사람이기 때문이다.

신드롬이 싫다

"엄마가 세상에서 제일 싫어하는 게 뭐게?"

어느 날 아내가 두 아들에게 웃으면서 이렇게 물었다.

아이들은 영문을 모른 채 어깨를 들썩이며 "글쎄"라고 답했다.

"그건 바로 바이러스 하고 신드롬이야."

아내의 대답에 모두 깔깔대며 한동안 웃었다.

신드롬. 원인도 치료도 모르는 병에 붙는 이름이다. 요즈음엔 걸핏하면 신드롬이 붙는다. 사람들은 장난삼아 신드롬이라는 말을 아무렇게나 갖다 붙이지만 신드롬 꼬리가 붙은 병을 앓는 사람들의 고통을 조금만 안다면 그럴 수 없을 것이다. 병명이 확실한 경우 확실한 처방이 있다. 약을 먹거나 수술을 하거나 아니면 물리치료를 할 수 있다. 그러나 신드롬은 '그저 그럴 것이다' 라는 뜻이다. 그래서 '그럴 것 같다' 는 치료법은 다 동원되기 마련이다. '아니면 말고' 식의 치료법은 환자나 가족들을 다 지치게 한다.

내가 병치레를 하면서 얻은 신드롬^{증후군}이란 이름이 몇 개 주어졌는데 첫 번째가 '만성피로증후군' 이다. 이 병명 또한 환자를 정말 피곤하게 만든다.

눈뜰 힘이 없고 수저를 들 힘도 없다. 누워 있어도 땅속으로 혼이 빨려들 것 같은 극심한 고통을 겪는데도 병명은 고작 만성피로증후군. 너무 힘들어 조금 걷다가 주저앉아버린다. "무슨 병이에요?"라고 묻는 사람들에게 "만성피로증후군"이라고 말하면,

"멀쩡한 젊은 사람이 왜 이러시나! 아니 요즘 세상 안 피곤한 사람이

어디 있어?"란 짜증 섞인 반응만 돌아온다.

"어디 아프세요?" 사람들은 대책도 없이 묻기도 잘한다.

이놈의 병은 어디 하나가 딱 고장나서 아픈 게 아니다. 그래서 대답하기를 "온몸에 힘이 없습니다"라고 답한다.

"아니 어디가 아프냐고? 심장이 안 좋아요? 아니면 간이 나쁜가요?"

"어디 특별히 아픈 데가 있는 게 아니고…."

"죽을병도 아닌데 정신력으로 이겨야지. 정신력으로…."

동정도 받지 못하는 병.

만성피로증후군이란 특정 질병은 그 원인이 나같이 특정 바이러스 때문에 생길 수도 있고 원인을 알 수 없는 다른 이유로도 생기기도 한다.

미국에만 100만 명이 넘는 환자들이 있다. 환자들이 몇 년이 지나도 회복은커녕 정상생활을 도무지 할 수 없게 돼 미국은 이들을 장애인으로 판정해서 돕고 있을 만큼 무서운 병이다. 이 병의 환자 가운데 방 안에만 누워 5년, 10년을 지내는 내가 아는 새파란 청년들이 여럿 있다.

이 고약한 병은 병치레하는 동안 각종 병을 돌려가며 겪어야 하는 어려움이 수반된다. 나는 면역결핍으로 말미암은 무력증이기 때문에 몸에 저항력이 약해 각종 병이 틈을 탄다.

나에게는 병 초기에 설사병이 동반하여 나를 괴롭혔다. 한 3년 동안 무시무시하게 괴롭혔다. 일 년에 300일은 설사를 한 것 같다. 하루에 열 번도 넘게 화장실을 들락날락했었다. 물론 매일 지사제를 먹었는데도 말이다. 지상에 나와 있는 좋다는 지사제는 다 처방받았다. 주머니에는 항상 지사제가 들어 있었다. 설사를 계속하다 보니 탈수현상이 뒤따랐다.

의사들도 그 원인을 찾다 찾다 모르니까 갖다 붙여진 병명이 과민성대장증후군Irritable bowl movement syndrome. 이렇게 해서 신드롬이 하나 더 붙었다.

게다가 딸아이의 장애는 다운신드롬. 이렇게 하나하나 신드롬이 붙어가다 보니 아내는 신드롬이란 이름만 들어도 겁이 나는가 보다.

아하, 정말 하나님 딸다운

아이를 가진 부모들의 자녀를 향한 마지노선의 소망은 "사람 구실만 하면 되지!"이다. '사' 자로 끝나는 좋은 직업을 꿈꾸다가 좋은 직장이면 되지 하던 것이 "아무 데나 좋으니 일할 수만 있었으면 좋겠다"라는 것이 요즈음 부모의 자식에 대한 염려다.

사람들이 말하는 사람 구실이란 아이가 태어나서 건강하게 자라고 소정의 교육기간을 잘 마친 후 적당한 직업을 얻고 좋은 사람 만나 결혼하는 것이다. 물론 결혼해서 아이를 낳고 그들을 또 잘 부양할 수 있으면 하는 것이다. 부모가 자식에게 바랄 수 있는 마지노선의 바람이자 사실은 가장 본질적인 바람이다.

본질적으로 말한다면 먹고 사는 방법이 다를 뿐 좋은 직업 나쁜 직업은 존재하지 않기 때문이다.

아무튼, 이런 기준으로 말한다면 나의 사랑하는 딸 조이는 사람 구실 할 수 없는 아이가 된다. 교육이야 특수교육을 통해서라도 어느 정도 세상사는 법을 터득할 수 있게 해줄 수는 있어도 조이가 자신의 직업을 가지고 결혼을 하여 자기만의 가정을 꾸려나갈지는 지극히 의문이다. 그렇다면, 조이는 사람 구실을 못하는 사람이 된다. 과연 조이가 사람 구실을 못하는 아이일까?

사람들이 말하는 행복과 사람 구실이라는 정의에는 속임수가 있다. 사람들은 남이 정의한 행복에 의해서 자신의 행복을 측정하는 오류를 범하고 있다. 사실 우리 지적장애인 친구들을 보면 전혀 불행하지 않다. 자신들이 불행하다고 느끼지도 않는다. 아니 불행이라는 것이 무엇인지 조차 알지도 못한다. 그런데 부모 형제를 비롯한 주변 사람들이 불행해 한다. 정작 본인들은 행복해 죽겠는데도 말이다.

교회에서 가르치는 하나님 자녀 구실이란 또 어떠한가? 하나님 자녀 구실이란 위에서 말한 사람 구실 이외에 몇 가지가 더 요구된다. 살아가는 삶의 모든 방편으로 하나님께 영광을 돌려야 한다고 가르침을 받는다. 즉 돈이 있는 사람은 돈으로, 건강한 사람은 건강으로, 학식이 있는 사람은 학식으로, 하여간 가진 것으로 드리는 삶을 살아야 하나님께 영광을 돌리는 사람이고 그렇게 하는 것이 하나님 자녀 구실을 한다는 것이다. 이런 규정에 의해서도 우리 장애인들은 하나님의 자녀 구실에 실격되고 만다. 건강하지 못하고 배우지 못하고 그래서 돈도 벌지 못하고 권력도 잡지 못하니 무엇으로 하나님 자녀 구실을 할 수 있을까? 거기다가 성경도 읽지 못하는 아이들. 기도도 할 줄 모르는 우리 정신지체장애아들. 그렇게 따진다면 우리 지적장애 아이들은 사람 구실은커녕 하나님 자녀 구실도 못하는 셈이 되니 그들의 인생에 무슨 의미가 있을까? 그저 사람들의 눈에 불쌍하게 비치고 그들에게 동정심을 유발해 적선과 선행을 가르치는 보조학습교재 정도로 이바지하는 것일까?

라르쉬 공동체를 세워 지금 전 세계에 장애인 신앙 공동체를 통해 큰 영향력을 끼치는 장바니에 신부. 그는 필립과 라파엘이라고 하는 지적 장애인을 만나 자신의 인생과 영적 항로가 바뀌었다고 고백했다. 그들의 몸을 씻기면서 예수 그리스도의 신비한 몸을 체험할 수 있었다고 겸손하게 고백했다.

헨리 나우웬이 신교와 구교를 통틀어 현시대에 가장 큰 영향력을 끼친 사람 중의 하나라는 것을 부인할 사람은 없다. 하버드와 예일대에서 그리고 전 세계에 다니면서 수많은 사람에게 영성을 강의했던 영성 신학자 헨리 나우웬도 예수 그리스도의 죽음과 부활을 체험하게 된 것이 자신이 돌보던 지적장애인 '애덤' 의 죽음을 통해서였다고 고백했다. 스스로는 아무것도 할 수 없었던 애덤 앞에서 헨리 나우웬 또한 스스로는 애덤에게 아무런 도움도 줄 수 없는 허약한 존재라는 것을 깨달으면서 서로에게는 절대 의존적 존재라는 것을 인정하게 되었다고 했다. 그렇게 애덤을 바라보면서 하루하루 일과를 섬겼고 자신의 품속에서 숨을 거둔 애덤을 통해 예수 그리스도의 십자가를 체험했던 것이다. 그렇다면, 결코 애덤은 사람 구실을 하지 못하고 산 장애인이 아니라 오히려 많은 사람을 옳은 곳으로 인도한 진정한 상처입은 치유자였다. 장바니에와 헨리 나누웬의 삶에 가장 결정적인 영향을 끼친 사람은 위대한 천재나 위인들이 아닌 바로 지적장애인들이었다면 그들의 삶을 무시할 수 있을까?

비록 온종일 흥얼거리고 다니거나 휠체어에 앉아 꼼짝도 못하는 장애인들이 사람들의 눈에는 사람 구실 할 수 없는 존재로 비치겠지만, 하나님의 눈으로는 다르게 보인다는 사실이다. 하나님은 소위 말하는 위대한 천재 수천 명을 합해서도 할 수 없는 큰일을 지적장애인들을 통해서도 성취하시는 분이시다. 우리 딸 조이 역시 사람들이 말하는 사람 구실은 할 수 없을지는 모르지만, 하나님 자녀 구실은 이미 훌륭하게 하고 있다. 조이는 내가 할 수 있는 평생의 일을 이미 훨씬 크게 뛰어넘는 결실을 보고 있다. 조이가 아니었다면 조이장애선교회가 생기지도 아니했을 뿐더러―이런 의미에서 조이는 조이장애선교회의 설립자다―지금 조이의 이름으로 장애선교가 전 세계에 힘차게 전개되고 있으니 조이는 이미 엄청난 일을 해왔고 지금도 하고 있는 셈이다.

크게 쓰시려고

내가 모질게 아플 때 나를 위로하는 사람들로부터 한결 같이 들었던 말이 "하나님이 크게 쓰시려는가 봐요"이다. 위로를 하는 처지에서 보면 가장 무난한(?) 위로 같다. 나도 많이 써먹었던 수법이니까. 그런데 위로를 받는 처지로 바뀌고 보니까 그런 말이 전혀 위로가 되지 않았다. "크게 쓰지 않아도 좋으니 빨리 낫게 해주실 수는 없으세요?"라는 반문이 먼저 고통 속에 터져 나왔기 때문이다.

조이가 장애아로 태어날 것이라는 사실을 사람들에게 알리자,

"목사님, 많이 놀랐어요. 기도할게요."

"목사님, 하나님이 목사님을 많이 사랑하시나 봐요. 목사님을 크게 쓰시려고 장애아를 주시려는 거죠. 이제 목사님이 열심히 기도하시면 장애아이가 태어나도 고쳐주실 거예요. 그렇게 하나님이 영광 받으시려고 하시는 거예요. 아예 태어나기도 전에 고쳐주실 겁니다. 목사님 힘내세요. 저도 기도할게요."

"만일 장애아를 주신 다음 고치신다면 그건 또 무슨 심술일까?" 하는 생각이 목까지 올라왔다.

어떻게 쓰시는 게 크게 쓰시는 걸까? 우리가 생각하는 큰 것과 하나님이 생각하시는 큰 것은 똑같은 것일까?

하나님이 받으시는 영광과 우리가 드리려고 하는 영광이 항상 일치하는 것일까?

이런 질문을 많이 하게 되었고 하나님은 나를 점점 더 깊은 은혜의 바다로 끌고 들어가셨다.

"목사님이 왜 아프지?"

"목사님이 왜 오래 아프지?"

목사는 아파도 안 되고 더구나 오래 아프면 안 된다.

그리고 아파도 나아야 하고 불치병일수록 기적적으로 나아야 한다.

그래야, 하나님이 영광을 받으신다. 이렇게 생각하는 것이 한국교회의 일반적인 생각들이다.

누군들 아파지고 싶어 아프랴. 누군들 낫고 싶지 않아서 오래 아프랴.

병이 오래갔다.

나를 정말 사랑하는 몇 사람들이 전화로 안부를 물었다.

"목사님, 이제 다 나으셨지요?"

"아직요. 그러나 조금씩 좋아지고 있어요."

"그럼 아직도 아프시다는 뜻이네요?"

"목사님이 왜 그렇게 오래 아프죠? 제가 기도할게요. 힘내세요"라고 끊는 수화기의 반대편에서 목사가 오래 아픈 이유를 모르겠다는 한숨과 걱정이 함께 전달되었다.

며칠 후 다시 전화가 왔다.

"목사님, 제가 목사님을 얼마나 사랑하는지 잘 아시죠?"

갑자기 왜 뜬금없이 사랑 타령을 하는지 몰라 얼떨떨하게 그냥 있었다.

"목사님, 제가 목사님을 얼마나 사랑하는지 잘 아시죠?"

다시 한 번 묻는다. 아니 예수님이 베드로에게 묻는 말도 아니고. 난 감했다.

"그럼요 권사님. 제가 권사님을 진심으로 사랑하지요."

"그래요. 그러니까 제가 목사님을 사랑해서 드리는 말씀이니까 제가 지금부터 드리는 말 기분 나쁘게 듣지 마세요.”

“네, 그러지요. 말씀하세요.”

“목사님, 목사님의 병이 왜 아직 낫지 않는다고 생각하세요? 목사님 아직 해결되지 않은 죄가 있나 생각해 보세요.”

띵~~. 몽둥이로 한 대 얻어맞은 기분이었다. 아무 말도 할 수 없었다.

“목사님 기도하세요?”

점입가경이다. 목사보고 기도하느냐고 묻다니.

“그럼요, 기도하지요.”

“제 말씀은 목사님 낫게 해달라고 기도하느냐고요?”

더는 아무 대답도 할 수 없었다. 꼭 예수님께서 38년 된 병자에게 “너 낫기를 원하느냐”고 묻는 말과 비슷했지만, 권사님이 내 병을 고칠 능력이 있는 건 아니잖은가.

“목사님, 하나님께 목숨 걸고 한번 기도해 보세요. 그러면 하나님께서 고쳐주시고 영광 받으실 거예요. 목사님 죄송해요. 저도 기도할게요. 안녕히 계세요.”

권사님은 나의 병 때문에 하나님의 영광이 가려 있음을 암시하며 전화를 끊었다.

졸지에 기도하지 않는 목사. 기도의 능력도 없는 목사가 되었다.

돈 못 벌면 하나님 영광 가리고, 병 낫지 않으면 하나님 영광 가리고, 좋은 학교 못 가면 하나님 영광 가린단다.

조이가 세상에 나오고 4개월 만에 심장수술을 해야 했고 6개월 동안 호흡모니터를 달고 살아야 했지만 난 정말 행복한 나날을 보냈다. 하나님께서 우리의 연약함을 날마다 붙들고 계심을 체험했기 때문이다. 어린 조이는 너무도 사랑스러웠다. 아이를 바라보며 연신 싱글벙글한 나의 모습조차 몇 사람들에게 시험거리가 되었다.

"목사님, 왜 하나님의 뜻을 헤아리지 못하십니까?"

"왜요?"

"하나님은 목사님을 크게 쓰시려 하는데 왜 작은 일에 집착하십니까?"

"그게 무슨 소립니까?"

"하나님께서 조이에게 장애를 주셔서 태어나게 하셨지만, 목사님의 기도를 통해 고쳐주셔서 목사님을 세계 방방곡곡에 세워 놀라운 은혜를 간증케 하시길 원하시는데 왜 이런 하나님의 뜻을 깨닫지 못하십니까? 목사님 제발 좀 기도하세요. 하나님의 능력을 붙드세요."

난감한 노릇이었다. 이미 조이가 태어나기 전에 받았던 신비한 은혜를 설명했건만. 더는 할 말도 없었다.

졸지에 하나님은 크게 쓰시길 원하는데 불순종하는 종이 되어 버렸다.

3부 저 친구들이 '비행기 타고' 여기까지 왔습니까?

중국 첫 장애선교

2005년 지적장애 친구들 6명과 6명의 교사와 함께 처음으로 중국으로 장애선교를 갔을 때다. 이들을 데리고 선교를 떠난다고 하니까 여기저기서 비아냥 소리가 들렸다. 심지어는 중국에 갈 친구의 부모마저 "쟤들이 가서 무슨 할 일이나 있겠습니까? 중국 구경이나 잘하라고 보내는 겁니다"라고 말했을 정도였다. 그렇게 생각하는 것도 결코 무리가 아니었다. 대부분의 지적장애 친구들이 말을 제대로 하지도 못하는 친구들이었기 때문이다.

그러나 나에겐 연구해 온 장애신학을 토대로 사역하면서 "장애인도 하나님나라의 주체입니다", "장애사역은 하나님나라의 본질 사역입니다"라고 목소리 높여 주장해온 나의 신조가 반드시 현장에서 확증될 것이라는 확신이 있었다.

물론 중국에 가기 이전부터도 가까운 멕시코나 미국 국내 현장에서 실험적인 체험이 있었다.

드디어 중국 북방 우리가 사역하는 D 시에 도착하였다. 이곳에는 미국 충현선교교회가 세운 '은혜원'이라고 하는 지적장애아들을 위한 특수학교가 있다.

우리는 해마다 미국의 지적장애인 친구들을 데리고 이곳을 방문하여 이곳의 지적장애인 친구들과 짧으나마 함께 시간을 보내며 사랑을 나누곤 하였다.

우리 친구들은 "당신은 사랑받기 위해 태어난 사람" 노래를 좋아한다. 가는 곳마다 이 노래를 불러준다. 지적장애인들이 지적장애인들에게 불러주는 이 노래를 들을 때마다 난 가슴이 설렌다. 처음에는 눈물을 주체할 수가 없었지만, 지금은 가슴만 울렁울렁 거린다.

지금도 세계도처에서 지적장애라는 이유 하나 때문에 수많은 장애아가 버려지고 학대를 당한다. 그런데 누가 이들을 보고 사랑받을 수 없는 존재라고 말했던가?

지적장애아이들과 하루만 시간을 보낸다면 아마 생각이 달라질 것이다. 정말 사랑받기 위해 태어난 아이들이라는 것을 금방 알아차릴 것이다. 사실 사람들은 사랑받기 위해 태어났다고 하지만 그래서 자신이 원하는 사랑을 얻지 못할 때 사랑 타령을 하고 만다.

그러나 우리 지적장애 친구들의 사랑은 타고난 사랑이다. 겉치레하거나 속임수가 없는 사랑이다. 이들의 사랑 표현법은 정말 원초적이다. 그래서 순수하고 때묻지 않은 것이어서 좋다. 우리처럼 가공하거나 도색하지 않은 사랑 말이다. 이들은 사랑을 가지고 거래하지 않는다. 사랑을 받으려고 사랑의 미끼를 던지지 않는다. 다만, 좋으면 좋고 싫으면 싫다. 사랑을 구걸하지도 않는다. 사랑해 주면 좋고 아니면 말고. 물론 이들의 장애 때문에 많은 사람이 사랑으로 다가가지도 않지만, 그것 때문에 쓸쓸해하지도 않는다.

이런 친구들을 보고 세상은 사랑받을 수 없는 조건을 가졌다고 한다. 사랑할 수 없다고 한다. 사랑받을 가치도 없다고 한다.

우리 친구들이 한번은 어느 교회 주일예배 시간에 특송을 하였다. "당신은 사랑받기 위해 태어난 사람. 당신의 삶 속에서 그 사랑 받고 있지요…." 한 소절이 끝나기도 전에 이곳저곳에서 흐느끼는 소리가 들렸다. 그리고 한 절을 부르고 2절을 부르기 위해 간주를 할 즈음에는 모든 교인이 훌쩍거리고 있었다. 몇몇 성도들은 예배가 끝날 때까지 흑흑거리다 눈이 퉁퉁 부어 밤알처럼 된 눈을 손으로 가리고 교회 문을 빠져나가면서 한마디 던지고 사라졌다. "누가 누구에게 사랑을 전한단 말인가?"

모두에게 충격이었던 것 같다. 사랑받을 수 있는 조건이 하나도 없다고 생각한 이들. 아니 "가엾은 어머니 왜 날 낳으셨나요?"라고 울부짖어야 할 친구들이 오히려 사랑받고 있다고 간증을 하다니. 게다가 이들은 찬양하는 내내 싱글벙글 히죽히죽 몸도 훌라훌라 무아지경이었으니 주객이 전도된 느낌이었으리라.

많이 가졌어도 못 가졌다고 생각하는 사람들. 행복할 수 있는 무수한 조건을 가졌음에도 갖지 못한 것에 비탄해 하는 사람들 앞에서 행복할 수 있는 조건이 아무것도 없다고 생각한 우리 친구들이 부르는 "당신의 삶 속에서 정말 사랑받고 있으세요?"라고 묻는 찬양 앞에 가슴을 칠 수밖에 없었던 것이다.

사실 우리 친구들은 더없이 행복해 한다. 그들을 보는 주위 사람들이 불행해 한다. 아이러니다.

우리 친구들이 중국에 처음 도착한 날. 중국의 장애인 부모들이 환영을 해주었다. 우리 친구들이 만나는 사람마다 포옹을 해주었다. 깜짝 놀라 몸을 움찔하는 중국 사람들도 있었다. 우리 친구들은 가는 곳마다 문화 적응기간이라는 게 생략된 친구들이다. 언어의 장벽이 없는 친구들이다. 단 몇 초면 사람들과 친해질 수 있는 초능력(?)을 가진 친구들이다. 거기에 비하면 보통사람들은 사람을 사귀는데 시간이 더

디고 다른 나라에 가면 언어가 통하지 않으니 마음의 생각을 주고받지 못한다. 마음의 생각을 주고받지 못하니 그저 멍하니 앉아 있을 뿐이다. 그러나 우리 친구들은 이런 모든 절차를 건너뛴다. 사랑의 폭탄들이라고나 할까. 처음 만나는 순간부터 친구가 된다. 연인이 된다.

저 친구들이 미국에서 비행기 타고 왔습니까?

환영을 해주던 장애아를 가진 중국인 중의 하나가 심각한 표정으로 나에게 다가와 물었다.

"이 친구들이 정말 미국에서 비행기 타고 왔습니까?"

"네" 하고 무심코 대답했는데 똑같은 질문이 돌아왔다. 이번엔 비행기란 말에 힘을 주면서.

"이 아이들이 미국에서 비행기 타고 왔습니까?"

다시 한 번 그렇다고 대답하니까 도무지 믿어지지 않는다는 표정을 지었다. 갑자기 현기증이 나는 듯 잠시 이마에 한 손을 갖다 대더니 나를 쳐다보았다. 마치 내가 정신 나간 사람이라는 표정으로 나를 바라보며 중얼거렸다.

"아니, 저런 병신들을 이 먼 곳까지 어마어마하게 비싼 돈 들여서 비행기 타고 여기 왔다고요? 똑똑한 아이들한테 투자해도 잘될까 말까 한데 아무것도 못하는 아이들한테 무슨 짓을 하는지 모르겠네요. 당신들 정말 이상합니다."

나는 내 귀를 의심할 수밖에 없었다. 장애아를 가진 아버지 입에서 나온 말이라고 믿어지지 않았다. 하지만, 이런 생각이 바로 그곳 사람들이 가진 장애에 대한 인식이었다. 우리는 그들에게 사랑받지 못하는 장애아들도 사랑받을 가치가 있다는 것을 보여주기 위해 왔기 때문에 말로 변증할 수 없는 질문 앞에 그저 웃어 보였다. 그랬더니 미안했던지 내뱉은 말을 수습하기 위해서 말을 이었다.

"사실 우리도 지금까지 살면서 비행기는커녕 기차 침대칸도 타본 적이 없습니다. 그런데 장애아들이 비행기를 그것도 이역만리나 되는 미국에서 타고 왔다기에 너무 놀라서 해본 말입니다. 이해해주세요. 하지만, 이해되지 않기는 여전합니다. 왜 이런 애들한테 그렇게 큰 투자를 하십니까? 미국이 돈이 많긴 많은가 봅니다."

"미국에서는 장애가 있는 사람이라고 해서 다른 사람들과 다르다고 생각지 않습니다. 또 장애인이라고 해서 아무것도 못한다고 생각지 않습니다. 장애인을 포함해서 모든 사람이 똑같이 행복할 권리가 있습니다." 이렇게 말해주었지만, 그의 얼굴은 편치 않아 보였다.

은혜원에 있는 지적장애인 친구들과 우리 친구들은 어느새 한 몸이 되어 서로 비벼대고 있었다. 언어도 필요 없고 통역도 필요 없는 진정한 사귐의 현장을 볼 때마다 우리의 한계를 실감한다.

방문 삼일째. 어느 학부형이 다가와 나에게 묻는다.

"이 아이들이 정말 장애인이 맞아요?"

이건 또 무슨 질문인가? 장애인 친구들을 데리고 왔는데 이들을 보고 장애인이 맞느냐고 묻는 건 또 무슨 이유일까?

하긴 6명의 장애인 친구 중에서 4명이 자폐를 가진 친구였는데 모두 잘생긴 미남들이었다. 자세히 이들의 행동을 관찰하지 않고 언뜻 보면 정말 핸섬한 친구들일 뿐이다. 그리고 훈련을 받은 친구들이기 때문에 예배를 드린다거나 모임을 할 때 어떤 문제 행동을 잘 일으키지 않는다. 따라서 우리 친구들이 도무지 장애인으로 보이지 않는다는 것이다.

"저 친구들을 자폐장애인이라고 부릅니다. 잠깐 보셔서 잘 모르시겠지만 잘 관찰하시면 특정한 장애 행동이 나오는 것을 볼 수 있습니다."

"아, 그렇군요. 그러나 저 친구들은 살아가는 데 전혀 문제가 없겠습니다. 부모도 키우는데 하나도 힘들지 않겠네요."

"그렇게 보이세요. 한번 며칠만이라도 함께 지내보실래요? 하하!"

"그런데 참으로 이상하네요. 저 친구들의 얼굴이 어떻게 저렇게 밝을 수가 있을까요? 우리 중국에 있는 장애아들은 한결같이 어둡고 우중충한데 말입니다. 어떻게 장애아들의 얼굴이 저렇게도 천진난만할 수 있을까요? 거참…."

못내 믿어지지 않는다는 표정을 지었다.

일주일의 방문 기간이 끝나고 이제는 헤어져야 할 때가 왔다. 중국의 장애가족들이 환송을 해주었다. 함께 식사를 하고 우리 친구들과 작별 인사를 했다. 우리 친구들이 일일이 한 사람 한 사람 끌어안고 포옹을 했다. 처음에는 어색해하던 사람들이 이제는 환한 웃음을 지으며 등을 두드려주며 화답했다.

두 분의 엄마가 나한테 슬그머니 다가와 말을 걸었다.

"선생님. 고맙습니다. 며칠 동안 미국에서 온 친구들을 지켜보면서 많은 생각을 하게 되었습니다. 우리도 장애아를 키우는 부모입니다. 만일 우리 아이들의 장애가 고쳐질 수가 없는 것이라면 우리 아이들도 미국에서 온 저 친구들처럼 맑고 밝게 살 수 있을까요?

선생님, 우린 선생님이 무슨 일을 하는 사람인지 잘 알고 있습니다. 선생님이 믿는 하나님이 우리 아이들을 저렇게 만들 수 있다면 우리도 하나님을 믿고 싶습니다."

"그럼요. 예수님을 믿으면 행복해 집니다. 여러분도 행복해 질 수 있습니다. 괜찮으시다면 제가 기도해 드리겠습니다."

기도를 받은 두 사람의 얼굴에서 어두운 그림자가 떠나는 것을 보았다. 아마 처음으로 근심 없이 밝게 웃는 것 같았다.

그래, 똑똑하고 말 잘하는 단기 선교팀이 왔다면 이런 역사를 볼 수 있었을까? 속으로 생각하면서 장애선교의 비밀을 또 맛보았다. 성경의 비밀이 눈으로 확인되는 순간이었다. 장애인이 멀쩡한 사람의 눈을 뜨게 한 것이다.

은혜원 아이들이 우리 친구들을 안고 통곡을 하기 시작했다. 한 아이가 우니까 다른 친구들이 연쇄 폭발을 일으켰다. 울음바다가 되었다. 진정되기만을 기다렸으나 그들은 서로 안고 울기만 했다. 떨어지기가 싫은 것이었다. 우리가 언제 단기선교를 다녀오면서 저렇게도 진하게 이별을 아쉬워한 일이 있었던가? 진정으로.

20분이 지났지만, 여전히 눈물을 뿌린 채 손을 잡고 떨어지지 않았다. 할 수 없이 억지로 떼어놓고 차에 올랐다. 은혜원 친구들은 우리

차가 보이지 않을 때까지 한자리에 서서 손을 흔들어 주었다.

고영집, 고순영 선교사

은혜원에 자주 가서 사역을 함께한 이유는 은혜원을 맡아 사역하시던 고영집, 고순영 선교사님 부부와의 인연 때문이다. 고 선교사님 부부는 미국에서 은퇴하고 늦은 나이인 66세에 신학공부를 마치고 선교사로 발을 내디뎠다. 그리고 지금은 중국에서 7년의 1기 사역을 끝내고 필리핀에서 2기 사역을 시작했다.

이들 부부에게도 장애선교를 하게 된 사연이 있다. 바로 둘째 아들 관필이가 지적장애아로 태어난 것이다. 아들이 67년생이니까 지금 43세다.

이들은 2003년 6월 19일 중국 연길 공항에 도착했다. 이들이 중국행 비행기에 오르기가 그리 쉬웠던 것은 결코 아니다. 비자 받기가 어려웠다든가 후원을 받기 어려웠다는 그런 이유가 아니었다. 두 가지 중대한 과제를 해결해야만 했다. 첫째는 사랑하는 아들 관필이를 맡길 데를 찾아야 했다. 태어나서 이날이 되도록 한 번도 떨어져 본 일이 없는 장애아를 떼어놓고 먼 나라로 훌쩍 떠난다는 게 어디 쉬운 일이겠는가? 그러나 하나님은 이들을 보내시기로 작정했다는 사인을 주시듯 아들을 위해 무려 15년 전에 신청해 놓고 포기해버렸던 그룹홈 입주가 갑자기 허락되었다는 연락이 온 것이었다.

두 번째 과제는 좀 더 심각한 것이었다. 그것은 고순영 선교사의 건강문제였다. 고순영 선교사는 이미 1987년에 갑상선암 판정을 받고 갑상선제거 수술을 받았었다. 그러다가 2003년 초 덜컥 재발이 되었는데 이번에는 폐로 전이되었다는 것이다. 남편이 신학교를 졸업하고 선교지로 떠날 준비를 하고 있던 차에 큰 암초에 걸린 것이다. 하나님께 매달리는 수밖에. 하나님이 선교지로 부르셨으면 기적을 베풀어 달라고 부부는 기도에 매달렸다. 이번에도 하나님은 이들을 보내시겠다는 사인으로 기적을 베푸셨다.

한 달간의 항암치료 후에 진찰결과 엑스레이 사진을 보던 병원의 주치의가 믿을 수 없다는 표정을 지으면서 "암세포가 사라졌다"며 고 선교사 부부에게 축하한다는 말과 함께 악수를 청했다.

나중에 고 선교사 부부는 이렇게 고백했다.

"하나님께서 우리를 선교지에 보내시려고 암세포가 감쪽같이 사라지게 하신 거죠. 만일 그때 그런 기적을 우리에게 보여주시지 않았으면 선교를 떠나기 어려웠을 거예요."

하나님이 두 가지 표징으로 선교사로서의 출발을 축복하신다고 생각한 고 선교사 부부는 영문도 모르고 떨어져야 하는 사랑하는 아들과 기어코 작별의 키스를 하고 비행기에 올랐다. 그리고 둘은 속으로 많이도 울었다.

암은 집요하게 고순영 선교사를 물고 늘어졌다. 마치 끝까지 선교를 막기로 작심한 것처럼.

은혜원 사역에 재미를 막 붙이던 2005년, 암은 또 재발했고 폐로 다시 전이가 된 상태였다. 가냘픈 몸에 방사선 치료를 받느라 몸은 축 늘어졌다. 설상가상으로 암이 성대로 전이되었다. 성대절제수술을 받고 치료를 계속 받는 중에 이번에는 암이 목 근육으로 퍼졌다. 또 방사선 치료를 받았다. 이런 치료과정을 겪으면서 몸은 축 늘어졌다.

이때 받은 수술과 치료 후유증으로 목이 타버려 침샘이 말라버렸고 청력도 많이 상실하게 되었다. 지금도 고순영 선교사는 물병을 목에 걸고 다니면서 자주 목을 축여주어야 한다.

이쯤 되면 선교를 포기할 만도 할 텐데. 조금 몸이 회복되자 고순영 선교사는 기어코 선교지로 몸을 옮겼다.

"선교지에서 죽는 한이 있어도 난 중국에 돌아갈래요."

자그마한 체구에서 어떻게 그런 큰 배포가 생기는 지 참으로 믿음의 그릇이 큰 분이다. 하나님을 확실하게 붙잡는 자는 하나님도 확실하게 책임지시는가보다. 2010년 봄. 미국에 잠깐 들러 검진을 받아본 결과 "암 수치가 뚝 떨어져 있으니 걱정하지 않아도 됩니다"라는 판정을 의사로부터 받았다. 고순영 선교사는 의사의 판정을 받자마자 나에게 전화를 걸어 떨리는 목소리로 "할렐루야" 소리를 질렀다.

"목사님, 하나님이 아직도 내가 필요하신가 봐요. 선교지로 돌아갈래요."

고 선교사의 머리엔 오직 선교지밖에 없었다.

사람들은 말렸다.

"아니 은퇴 후 그 나이에 7년씩이나 선교했으면 됐지. 또 나갈 필요가 있어요? 암이 또 재발하면 어떡하려고?"

그러나 두 부부는 담대하게 대답했다.

"암은 우리를 막지 못합니다. 우리가 7년 전 중국 선교를 떠날 때 암 때문에 포기하고 몸을 돌보았더라면 제가 오늘까지 살아있었을까요?"

그건 나도 동감이다. 암 때문에 몸을 사렸었더라면 아마 일찍 돌아가셨을지도 모른다. 몸은 스스로 돌본다고 되는 게 아니라 하나님이 붙드셔야 하는 것을 깨달았기에 그들은 하나님께 온전히 맡긴 것이다.

2011년 1월 19일, 2기 사역을 위해 필리핀으로 떠나면서 이들은 "남은 인생의 마지막 한 이파리가 다 떨어질 때까지 주님 위해 그리고 장애인 위해 살겠습니다"라는 말을 던지고 비행기에 올랐다.

하나님의 손에 붙들려 쓰임 받음을 체험한 이들은 시간이 갈수록 더욱 담대해져 갔다.

첫 '기쁨의 집'

2005년 8월 22일 이날은 중국 양수에 우리 선교회의 기쁨의 집 House of Joy 프로젝트로서 첫 기쁨의 집을 마련하고 감사예배를 드린 날이다. 첫 집은 우리의 첫사랑을 먼저 심고 싶었다. 다른 사람들의 후원을 받기 전에 "우리의 헌신을 먼저 드립시다. 우리가 믿음의 씨를 먼저 심읍시다"하고 우리 가족과 김진희 전도사 가족이 함께 헌금을 드려 마련한 것이기 때문에 마음에 감사가 더욱 넘쳤다. 첫 집인 만큼 그

만큼 애착과 사랑이 많이 가는 곳이다.

'기쁨의 집' 이란 프로젝트는 우리 선교회가 전략적으로 마련한 장애선교의 도구다.

전통적으로 장애인을 위한 공동체 모델은 수용시설 모델이다. 즉 가능한 많은 장애인을 모아 한곳에 큰 시설을 짓고 수용하여 돌보는 모델이다. 이 시설에는 의료시설과 교육시설을 갖추는 경우가 많다. 이 모델의 장점은 장애인들에 대한 복지시설이 절대 부족한 나라에서 한 명의 장애인이라도 더 수용할 수 있다는 것과 관리하기가 쉽다는 점이다. 그러나 단점으로는 한 번에 많은 돈이 든다는 것과 그보다 더 근본적인 문제는 장애인들을 사회로부터 격리함으로서 그들의 독립생활에 절대적으로 방해가 된다는 점이다.

미국도 처음에는 이런 수용시설로 시작했다가 지금은 그룹홈이라는 모델로 옮겨간 실정이다. 따라서 우리는 장애인 한 사람 한 사람에게 가정 같은 공동체를 제공하자는 그룹홈의 기본 철학에 초대교회의 가정교회와 같은 영적 분위기와 질서를 접합하여 '기쁨의 집'이란 우리의 독특한 모델을 만들어가고 있다.

물론 지역과 문화에 따라 약간 다른 운영 구조와 방법을 가질 예정이다. 우리가 지금까지 세운 '기쁨의 집'을 보더라도 어떤 집은 "여성맹인"으로만 구성되어 있고 어떤 집은 '지적장애인'으로만 구성되어 있고 또 멕시코에 짓는 집은 '다운아이들'로만 구성할 예정이다. 이런 때 장애의 종류에 따라 돌봄과 운영의 방법이 약간 달라지지만, 근본적인 정신은 똑같다.

우리나라에 잘 알려진 홀트아동복지회의 설립자인 해리 홀트는 "모든 아이는 가정을 가질 권리가 있다"라고 설파하면서 "사랑은 행동으로"라는 캐치프레이즈를 걸고 가정이 없는 아이들에게 가정을 연결해주는 입양사역을 시작하였다. 이 행동강령은 우리 '기쁨의 집'에도 그대로 적용된다. "모든 장애인도 행복한 가정을 가질 권리가 있다"라는 말로 '행복'에 힘을 주고 싶다. 장애인들에게 유독 그리운 말이기 때문이다.

비행기 안에서 실례, 산 교육

우리 선교팀이 사역을 마치고 중국에서 대한항공 비행기를 타고 미국으로 돌아갈 때였다. 우리 친구들도 피곤했던지 비행기를 타자마자 모두 곯아떨어졌다. 12시간이나 되는 긴 비행시간이었기 때문에 인솔자와 선생님들도 "이제 끝났구나, 휴" 한숨을 쉬면서 함께 꿈나라로 떠났다. 이제 거의 로스앤젤레스에 도착할 무렵 사건이 터졌다. 우리 친구 중 한 명이 탄 자리 주변에 앉은 사람들이 코를 쥐어틀면서 "똥냄새, 똥냄새"하면서 승무원을 불렀다. 얼마나 냄새가 심하고 지독했던지 주위의 사람들이 모두 인상을 쓰고 있었다.

잠에서 뒤늦게 깨어난 인솔교사가 이내 사태를 짐작했다. 건너편에 앉아있던 친구에게 갔다. 씽긋 웃어 보였지만 불편한 자세로 웅크리고 있었다. 이 친구가 범인임을 직감했다. 데리고 화장실에 갔다. 아뿔싸, 바지에다 큰 것을 했는데 한 바가지 싸놓았다. 그러니 그 냄새의 강도가 얼마나 심했겠는가? 인솔교사의 입에서 큰 웃음이 터졌다. 천천히 친구를 씻기고 닦고 밖으로 나왔다. 많은 사람이 쳐다보고 있었다. 자리에 와 앉았으나 사람들은 여전히 냄새가 난다고 웅성웅성 거렸다. 다른 교사가 집히는 데가 있어 또 한 친구를 바라보았다. 자기는 아무렇지도 않다는 시늉을 하며 억지로 천연덕스런 표정을 짓는 친구를 보면서 교사는 또 하나의 범인을 찾아냈다.

"일어나 가자." 화장실로 데리고 가 바지를 내려보니 아뿔싸 이 친구도 바지에 한주먹 싸 놓았다. 아무렇지도 않은 것처럼 뒷정리를 마치고 나왔다.

하긴 이런 일이 교사들에게 무슨 대수랴. 한두 번 이런 일을 치르는 것도 아닌데 뭘. 하지만, 사람들과 함께 여행을 하는 밀폐된 비행기 안에서 이런 일일 벌어지다니. 좀 당황한 순간이긴 했다.

사건의 공범의 손을 잡고 미소를 머금고 자리로 돌아가는 교사의 모습을 보고 있던 사람들의 짜증 어린 얼굴들이 하나 둘 옅은 미소로 바뀌어 갔다.

인솔 책임자가 "죄송합니다." 자리에서 일어나 승객들을 바라보며 나지막하게 양해를 구하는 인사를 했다.

승객들의 소곤거리는 소리가 들려왔다.

"참 아름다운 모습이네. 짜증도 내지 않고 당황하지도 않고 어쩌면 저렇게 사랑으로 장애인을 돌볼 수 있을까?"

대부분의 승객이 한국 사람들이었기 때문에 아직도 장애인들에 대한 인식이나 태도에서 미국 본토 사람들보다는 자연스럽지 못한 게 사실이다. 그래서 우리는 이들에게 장애와 장애인에 대한 바른 인식과 태도를 심어주기 위하여 많은 노력을 하고 있다.

이런 점에서 본다면 이번 사건은 창피한 에피소드가 아니라 불특정 다수 앞에서 장애인 섬김 시범 교육을 한 셈이다.

조선자치주 장애인 지도자 컨퍼런스

2007년 10월. 우리는 조선자치주 장애인연합회 산하에서 일하는 지도자들을 위한 특수교육 세미나를 열었다. 120명 정도의 지도자들에게 새로운 학문적 지식을 전수하였다. 우리 조이선교회 측 강사들로 이루어진 3박4일 동안의 세미나에서 "특수교육의 이해", "청각장애인

치료법", "청각장애인들을 위한 언어치료", "장애부모를 위한 상담", "각종 장애 이해하기" 등 여러 분야에 걸쳐 심도 있는 교육을 시행하였는데 이를 위해 우리 선교회 전문위원들인 주로 미국에서 특수교육 분야에 봉직하시는 8명의 교수진이 수고했다.

물론 컨퍼런스를 주관하면서 요청받은 대로 종교적인 말은 하지 않기로 했다. 그러나 우리는 예수의 사랑을 전하려고 왔다. 선교회가 그저 특수교육 강의만 하려고 왔다면 이 많은 투자를 할 필요가 없다는 생각이 들었다. 그렇다면, 어떻게 이들에게 예수님의 사랑을 전할 수 있을까?

이번 컨퍼런스를 위해서 강의를 맡은 전문 강사진 이외에도 여러분이 섬김이로 동행했다. 참석자들을 따뜻한 마음으로 정성껏 섬기기 위해서다. 그리고 기도로 불을 때는 역할을 맡았다.

강의가 진행되면서 참석자들의 마음이 점점 훈훈해지기 시작했다. 그저 3박4일 동안 자신들의 일터에서 빠져나와 호텔에서 숙식하며 잘 대접받고 새로운 지식을 배우는 것만으로도 너무 행복하다고 했다. 그런데 휴식시간마다 대하는 아름다운 장식으로 된 간식들을 보고 감탄하며 "이렇게 예쁘게 장식된 것을 어떻게 먹어요?" 하며 우리들의 사랑에 진정으로 감사를 표했다.

중국에서 장애인 지도자들은 자신들이 장애인을 진정으로 사랑하기 때문에 그 직업을 택한 사람들이 아니다. 공직에 임명받아 생전 처음으로 장애관련 일을 하는 사람들이 태반이었다. 그러나 공식적인 교육을 받아 본 일이 없는 이들인지라 강의 시간 내내 한자라도 놓치지 않으려고 강사에게서 눈을 떼지 않았다. 물론 우리는 한국말 또는 영어로 강의 하고 중국말로 동시통역을 했다. 조선자치주 산하 기관 지도자들을 위한 세미나이긴 했어도 다수가 한족이었고 조선족들 역시 전문용어로 된 한국말을 오히려 이해하기 어려워했다.

참석한 지도자들 가운데는 공산당원들도 다수 있었다. 따라서 우리는 기독교적인 용어를 노골적으로 사용할 수 없었다. 둘째 날, 이들 공산당원 가운데 한 사람이 나에게 와서 말을 걸었다.

"선생님, 선생님들 기독교가 맞지요?"

어이쿠, 무슨 트집을 잡으려나 잔뜩 긴장이 되었다.

"네 그렇습니다만…."

"그럼 그렇죠. 강의 내용이 기독교적이야요."

"우린 기독교적인 내용을 가르치지 않았는데요."

꼬투리를 잡나 해서 속으로 잔뜩 긴장하고 방어적으로 대답하였다. 사실 또 기독교적인 내용이나 용어를 사용하지도 않았다. 그런데 왜 이런 말을 하는 것일까? 이러다가 세미나를 계속 진행할 수나 있을지 모르겠다는 생각이 스치자 이 위기의 순간을 잘 넘어가야겠다는 생각이 들어 이분에게 커피 한잔을 권하며 왜 그렇게 생각하는지 말해 줄 수 없느냐고 물었다.

"사실 나는 공산당원입니다."

일이 터졌구나 싶었다. 그런데 이 사람이 바로 말을 이어갔다.

"그런데 말입니다. 선생님들의 강의를 계속 듣다 보니 머리가 좀 혼란스러워졌습니다. 분명히 장애인들을 위한 특수교육을 이야기하고 있는데 내 귀에는 온통 하나님 이야기하는 소리로 들린단 말입니다."

무슨 말을 이어갈지 도무지 알 수가 없었다. 조심스럽게 다음 말을 계속하시라고 추임새를 넣었다.

"그래요? 어째서 그렇죠?"

따지려고 하는 말이면 나도 방어할 말을 준비해야 했기 때문이었다.

"거, 질문하나 해도 되겠습니까?"

"네 하세요."

"지금 선생님들이 가르치는 특수교육이라는 거 혹시 미국 교회에서 가르치는 겁니까?"

집요하게 특수교육과 기독교를 연결하려고 하는 시도에 겁이 좀 났다. 우리에게 꼬투리를 잡으려는 심사로 보였다.

얼른 말을 받아 변명하였다.

"아닙니다. 절대 아닙니다. 우리가 지금 소개하는 특수교육학은 미국 정규 대학에서 가르치는 내용 그대로입니다. 그뿐만 아니라 세계 각국에서 똑같이 채택하는 내용입니다. 믿어지지 않으시면 제가 책을 보여 드리겠습니다."

멋쩍은 듯이 머리를 긁적거리며 어조를 좀 낮추어 말을 계속이었다.

"그렇다면, 어떻게 장애인들에게도 보통사람들처럼 교육하고 즐길 수 있는 모든 권리를 주라는 겁니까? 장애인들에게 교육을 해봐야 무슨 효과가 있습니까? 장애인들도 행복할 권리가 있다는데 장애인들이 무슨 행복을 압니까? 우리 상식으로는 이해가 되지 않습니다."

이제 마음이 좀 놓인다. 꼬투리 잡기 위한 것이 아니라는 걸 알았다. 자신의 생각에 마찰이 생긴 것이다. 오히려 예수의 사랑을 전할 기회가 왔다고 생각했다. 그래서 오히려 담대하게 나갔다.

"형제님께서 공산당원이라고 하셨죠."

"네, 그렇습니다."

"공산당원의 처지에서 보면 장애인들이 사회에서 쓸모없는 사람들이라고 생각되는가 보죠?"

"네, 꼭 쓸모없는 사람들이라고 보기보다는 불쌍한 사람들이란 말입니다. 그렇지만, 그들에게 교육과 놀거리를 제공한다는 것은 아직도 교육을 제대로 받지도 못하는 멀쩡한 사람들이 널려 있는 처지에서 낭비라고 생각됩니다."

"어떻게 보면 그렇게 볼 수도 있겠네요."

다음 말을 이어가려고 일단 마음을 편하게 할 말로 받았다.

"혹시 형제님 가족 중에 장애인이 있습니까? 결혼은 하셨습니까?"

"가족 중에 장애인은 없습니다. 그리고 아직 결혼은 하지 못했습니다."

"그럼 죄송한 말씀이지만 가정을 한번 해봅시다. 형제님이 결혼했는데 그만 장애아가 태어났다면 어떻게 하시겠습니까?"

다행히 기분 나쁜 표정을 짓지 않았다. 대화를 계속 할 수 있을 것 같아 물고 넘어지기로 했다. 우물쭈물 대답을 했다.

"거 어떡하겠어요. 제 새끼인데. 잘 돌보아야죠."

"그렇죠? 그럼 그 아이에게 교육하지 않겠어요? 이 땅에서 살아가게 하려면."

"물론 그렇게 해야겠지요."

"아깐 장애아들에게 교육이 필요 없다고 말씀하시지 않았던가요?"

"아, 그건…. 내 새끼니까 다르지"라고 말을 던지면서 겸연쩍은지

한바탕 웃어 버렸다.

나도 따라 웃었다. 웃음이 채 끝나기도 전에 마음이 닫히기 전에 복음을 한마디 불쑥 던졌다.

"예수님이라는 분은 장애인과 비장애인, 가난한 사람, 부요한 사람, 똑똑한 사람과 그렇지 못한 사람, 잘생긴 사람과 못생긴 사람 이렇게 구분하지 않습니다. 똑같이 사랑합니다. 예수님은 공산당원도 사랑하십니다."

"에이 그런 말씀 하지 마시라요. 내 목 날아갑니다. 좋은 말씀 많이 들었습니다." 하면서 자리에서 일어나 세미나 장소로 향해 걸음을 내디뎠다. 얼른 그의 팔을 잡아당겼다.

"형제님, 예수 믿으세요. 행복합니다." 경황 중에 급하게 던진 내 말에 가던 발걸음을 멈추고 의외의 한마디를 속삭였다.

"선생님, 사실 저도 고민하는 중입니다. 선생님 같은 예수 믿는 사람들을 보면 뭔가 달라도 달라 보입니다. 그 비밀이 무얼까 생각 중인데, 알 것 같습니다. 나도 기독교에 거의 가깝게 와 있습니다. 그러나 지금은 안 됩니다. 후에 내가 공산당원을 벗은 후에 그때 가서 교회 나갈 겁니다."

특수교육의 진가를 실감하는 순간이었다. 특수교육의 기본은 사실 기독교적 가르침이다. 모든 사람은 평등하다. 똑같이 교육을 받을 권리가 있다. 똑같이 행복할 권리가 있다. 이런 아주 상식적이고 기본적인 가르침이 공산주의 가르침과 본질적으로 부딪치는 것이다. 그래서 그 뒤에 숨어 있는 기독교 정신을 알게 되는 것이다. 이런 효과는 특수교육세미나를 통한 장애선교로 세계 각국을 다니며 많은 지도자를 섬기면서 매번 확인하는 일이다.

위하여!

세미나를 마치는 마지막 시간에 아내의 장애자녀 교육 사례발표 시간이 있었다. 세미나 장소 제일 앞쪽에 앉아 있던 조이가 자신을 소개하는 시간인 줄 미리 눈치를 채고 앞으로 뛰어나가 마이크를 잡고 자신을 소개했다.

"Hello, I am Joy Kim," 그리고 엄마를 가리키며 "my mom" 그리고 멀리 있는 나를 가리키며 "my dad." 이렇게 소개하자 참석자 모두 손뼉을 치며 환호했다. 조이는 신이 나서 다른 우리 팀원들을 가리키며 "Joy Center"하고 소리를 높였다. 참가자들 대부분이 다운신드롬이란 이름을 처음 들었다고 했다. 아직도 중국에서는 다운신드롬 장애에 대한 정확한 이름이 없다.

"믿을 수가 없어요. 어떻게 저렇게 예뻐요?" 참석자들은 조이가 예쁘다고 야단이었다. 듣기 좋다. 또 듣고 싶다. 사랑하는 나의 딸. 어딜 가든 사랑받는 딸임을 보고 싶다.

아내가 조이가 태어나면서 생긴 일들. 조이를 가르치면서 겪은 일들을 마치 남의 이야기를 하듯 차분하게 이야기 해 나가자 많은 참석자가 눈물을 흘렸다. 특별히 장애자녀를 둔 부모들은 흐르는 눈물을 주체하지 못했다.

강의가 끝나자 몇몇 참석자들이 아내의 손을 잡고 놓을 줄 몰랐다. 연방 조이의 머리를 쓰다듬다가 안았다가 하는가 하면 조이의 볼에 키스하고 뺨에 자신의 볼을 비비기도 했다.

"사모님, 사모님의 이야기를 들어보니 조이는 참 행복한 아이네요. 좋은 부모를 만났네요. 좋은 나라를 만났네요. 조이는 얼마나 좋을까? 사모님 이야기를 듣다 보니 이 땅에서 사는 장애 아이들이 더 불쌍하게 보여요."

그건 아닌데. 중국 땅에서 사는 아이들이 불쌍하다는 이야기를 하려고 한 것이 아닌데. 다만, 교육을 통해 더 좋아질 수 있다는 것을 말하려고 한 것뿐인데. 조금 미안한 마음이 들었다.

마지막 시간에는 중국 장애인 예술공연단의 공연이 있었다. 가슴 벅찬 시간이었다. 시각장애인들의 노래와 신체 장애인들과 청각장애인들이 함께 섞인 가무가 시각장애인들이 반주하는 밴드에 맞추어 세미나장을 달구었다. 어느덧 신이 난 참석자들이 하나 둘 앞에 나와 춤을 추기 시작했다. 옛날 시골 아낙네들이 김을 매고 난 후 한바탕 벌이는 두 팔 벌려 하늘을 가르던 촌스런 춤 동작이 그토록 빛나게 아름다울 수가 없었다. 미국에서 간 우리 선교팀들도 한데 어울려 춤사위를 이루었다. 조이도 덩달아 빙글빙글 돌며 더덩실 춤을 추었다. 연변 밤하늘이 유독 밝게 빛나 보였다. 창밖으로 흘러나가는 장애인 밴드와 노랫소리가 창공을 가르고 중국 전역에 이들의 자유를 선포하는 듯 흘러나갔다.

우리 팀원들과 중국 측 임원들이 함께 만찬을 끝으로 공식적인 모임을 마감하는 시간이 되었다. 중국 사람들의 습관대로 식사에는 꼭 반주를 곁들인다. 건강을 변명 삼아 우리 미국팀들은 모두 술 대신 콜라 잔을 들어 올렸다. "위하여" 다함께 힘차게 외쳤다. 중국 측 임원들의 감사인사가 술잔을 돌리면서 이어졌고 그들은 감사의 말과 함께 우리들의 건강과 안녕을 기원해 주었다. 우리도 한 사람 한 사람씩 그들을 축복해 주었다. 순서가 다 끝나갈 즈음 느닷없이 "위하여" 하며 조이가 잔을 들었다. 모두 다 웃으며 한 번 더 "위하여"를 외쳤다. 그 후 조이는 집에 돌아와서도 한동안 밥 먹을 때마다 잔을 들고 "위하여"를 외쳤다.

백두산 정상에서

세미나가 끝나고 우리는 백두산에 오르기로 했다. 백두산 천지를 볼 수 있는 확률이 열 번에 한 번이라는 데, 이번에는 과연 천지가 우리를 맞아줄까? 사실 지난번 백두산에 올랐을 때 천지를 보지 못하고 짙은 안개만 보고 내려왔었다.

아니나 다를까? 날씨가 오락가락 종잡을 수가 없었다. 안내원은 오늘 천지를 볼 확률은 10%미만이라고 했다. 실망은 되었지만 다시는 이곳에 올 수 있을 것 같지 않은 대원들을 위해 산행을 강행하기로 했다.

아침 일찍 준비한 주먹밥을 싸들고 연길 모 호텔을 떠나 장백산까지

우리를 실은 작은 버스는 장장 다섯 시간을 쉬지 않고 달려 백두산중국은 장백산이라 부른다 입구에 도착했다. 다시 백두산 정상으로 운행하는 지프로 갈아타고 정상에 올랐다. 굽이굽이 올라가는 내내 가랑비가 흩뿌렸고 짙은 안개는 산허리를 감아 올라 꼭대기를 감추고 있었다. 아, 오늘도 천지 구경하기는 틀렸나 보다 생각이 들었다. 그런데 정상에 도착하자마자 파란 하늘은 구름을 밀어내고 우리에게 빛을 비추어 주었다. 천지를 반사한 빛은 우리에게 장엄한 하늘을 우러러보게 하였다. 천지天池와 천지天地를 만드신 하나님 앞에 압도되었다.

문제는 조이였다. 조이를 백두산에 데리고 갈 것인가를 두고 많이 고심을 했었다. 조이는 사실 심장 기능이 약해 높은 산에 오른다는 것이 무리였다. 몇 년 전 조이를 데리고 로키산에 오른 적이 있었다. 산을 오르는 도중 갑자기 조이가 축 늘어져 의식을 잃어버렸다. 부랴부랴 인공호흡을 하고 산 아래로 내려와 안정을 시켰더니 정상으로 되돌아왔다. 그때의 기억이 있어 무척 고심되었다. 물론 그때보다는 많이 컸고 건강해졌지만, 안심이 되지 않았다.

차를 타고 올라가면서 상태를 살피기로 하고 백두산에 오르기로 했다. 정상으로 오르는 차 안에서 조이는 힘든지 평소와 다르게 말없이 조용히 있었을 뿐 다행히 별다른 불편함을 보이지 않았다.

정상에 올라 차에서 내리니 비바람이 싸라기눈과 함께 무섭게 몰아치고 있었다. 정상에 있는 자그마한 찻집에 몸을 피했다. 이제 200미터 정도 걸어가면 백두산 정상, 천지를 볼 수 있다. 두꺼운 외투로 조이를 둘러싸고 걷기를 시도했지만 조이는 밖으로 몇 발자국을 떼더니 걸을 수가 없다면서 금세 돌아와 버렸다. 아무래도 조이가 천지까지 가는 것은 무리라고 생각하고 엄마는 조이와 함께 찻집에 남기로 했다. 아내에게 미안했다. 내가 얼른 천지를 보고 내려오겠다고 하고 먼저 올라갔다. 천지에 거의 다다랐을 때 저 멀리 뒷발치에서 아내가 부르는 소리가 들렸다. 아내는 손을 흔들며 "조이가 올라가요" 외쳤다. 그러나 조이는 보이지가 않았다. "조이가 어디 있어?"

"옆에 아주머니가 업고 가는 것 안보여요?"

자세히 보니 아내 옆에서 어떤 아주머니가 조이를 업고 올라오고 있었다. 큰 외투로 온통 허리를 감싸고 있어서 불뚝 튀어나온 등을 보아 조이가 업혔겠거니 짐작이 되었다.

드디어 조이가 정상에 섰다. 외투 바깥으로 살짝 얼굴을 내미는 조이의 볼은 이미 빨갛게 추위를 타고 있었다.

"조이, Are you okay?"

"I am okay." 벌벌 떨며 대답하는 조이를 보니 '휴' 그래도 안심이 되었다.

"아니 여보, 어떻게 된 거에요?"

"아니 이분-우리를 인도한 장애인 지도 당원-이 여기까지 와서 조

이가 정상을 밟지 않으면 어떡하느냐고 자신이 업고 가겠다고 해서
여기까지 왔어요."

　그래 올라가자. 조이야. 조이에게 정상의 의미를 가르치고 싶었다.
누가 먼저 빨리 정상에 오르는가가 중요한 것이 아니고 포기하지 않
는 것이 정상에 가는 길이라고 말이다.
　나는 조이의 손을 잡고 정상에서 소리를 질렀다.
　"야호~~~!"
　조이는 춥다고 빨리 내려가자고 몸을 나에게 돌렸다.
　"조이야, 한번만 더 외치자."
　"야호~ 야호~~!"
　우리의 야호 외침은 메아리가 되어 울리고 또 울렸다.
　바로 이거다. 비록 아무 결과도 보이지 않는 것 같은 장애아 교육.
아무 보상도 주어지지 않는 것 같은 장애사역, 혼자 끝까지 가야 하는
메아리 없는 장애선교라고 생각했었는데. 백두산 정상에서 메아리 소
리를 들었다. 조이가 외치는 소리에 화답하는 소리를 들었다. 나 혼자
가 아니다. 그렇게 하나님은 나를 위로하셨다.

예수마을, 당신들이나 빨리 나가!

　중국에는 소위 예수마을이라고 하는 곳이 여러 곳 있다. 이 마을들

은 예수 믿는 가족들이 문화혁명 때 핍박을 피해 한곳에 모여 살며 몰래 믿음을 지킨 곳이다. 2006년 4월. 산동성 깊은 어느 마을에 있는 한 예수마을을 찾아갔다. 그곳에 있는 장애인들을 도와달라는 부탁을 받고 무슨 일을 할 수 있을까 알아보려고 방문한 것이다. 동네 입구에 임마누엘以馬內利이라는 간판이 먼저 나에게 안부를 물었다. 와, 예수마을이 실감 났다. 이렇게 공공연하게 하나님 이름을 부르는 곳이라니. 하지만, 이곳의 역사를 마을의 촌장에게서 듣고는 눈물을 흘리지 않을 수 없었다. 남루한 옷차림이지만 눈빛만은 강렬하게 빛나는 촌장은 담담하게 문화혁명 당시를 회상하면서 그때 받았던 고문 때문에 한쪽 다리를 쓸 수 없게 되었다며 쓸쓸히 웃어 보였다. 그때 얼마나 많은 사람이 죽었는지. 자신의 부모 형제 중 죽은 사람들 이야기, 그러나 믿음을 저버리지 않고 믿음을 지킨 사람들의 신앙의 여정들을 들려주었다. 과연 그런 고난이 나에게 온다면 나도 저들처럼 믿음을 지킬 수 있을까? '오 주여 핍박이 오지 않게 하여 주옵소서' 그렇게 기도해온 내가 몹시도 수치스러웠다.

어떻게 알았을까? 우리의 뒤를 따라온 사람들이 있었다. 공안원이었다. 눈을 부릅뜨고 촌장 한번 우리 한번 번갈아 가며 쳐다보면서 뭐라고 소리를 높여 말했다. 촌장은 참 별놈 다 보겠네 하는 듯 공안원들을 한번 힐끔 쳐다보더니 한마디만 던지고는 먼 산만 바라보았다.

공안원들의 목소리가 커졌다. 이때 바람이 불면 날아갈 만큼 피골이 상접한 촌장이 벌떡 일어서며 소리를 질렀다. 이보다도 더 위엄 있게 말할 수 있을까? 촌노의 목에 솟은 한줄기 핏줄이 벌렁벌렁 춤을 추고 있었다.

무슨 영문인지 공안원들이 슬슬 뒤꽁무니를 빼더니 사라져버렸다.

촌장이 자초지종을 설명해 주었다.

외국인이 이 마을에 온 이유를 말하라고 하더란다. 그래서 우리가 이 마을에 있는 장애인들을 돕겠다고 왔다고 했단다. 공안원들은 외부인이 절대로 자신들의 허락 없이 이 마을 사람들 그 누구와도 접촉할 수 없으니 지금 당장 내보내라고 소리를 질렀단다.

그래서 이 촌장이 이렇게 대답했더니 꽁무니를 빼고 돌아갔단다.

"당신들, 언제 장애인들한테 쌀 한 톨 준일 있어? 아니면 아프다고 약 한 봉지 준일 있어. 그런데 우리와 상관도 없는 이 사람들이 그 먼 데서 우리를 돕겠다고 왔는데 당신들이 도와주진 못할망정 왜 훼방을 놓는 거야? 버려진 장애아이들 당신들이 책임질 거야? 이 사람들이 나갈게 아니라 당신들이나 이 마을에서 당장 나가!"

지금도 마음이 아픈 것은 그 이후로 이런저런 이유로 이 마을 다시 찾아가 보지 못했기 때문이다.

아니, 120명 모두 다운이라고요?

2007년 1월. 인도네시아 자카르타에 사는 다운신드롬 장애아, 피터의 어머니 얀티에게서 인도네시아를 방문해 달라는 초청을 받았다. 얀티는 피터를 잘 키우고자 그들이 할 수 있는 모든 일은 다 시도하고 있었다. 당시 피터는 17세로 고등학교 마지막 학년이었다.

다행히 얀티의 남편 사업이 잘되어 인도네시아에서는 상당히 잘 사는 편이어서 피터에게 좋다는 것은 다 시도할 수가 있었다. 또 일찍부터 서구문화를 받아들인 분들이라 얀티는 상당히 영어를 잘했고 외부 사람들을 대하는 매너가 아주 좋았다. 자신의 아들 피터에게 더 좋은 교육을 받게 하고 싶은데 우리들의 도움이 필요하다는 것이었다. 미국의 좋은 시스템을 이곳 인도네시아에 소개해 달라는 것이었다. 이런저런 계획을 함께 세우면서 며칠을 보냈다. 피터가 다니는 학교를 방문하고 싶다고 해서 약속이 되었다. 학교를 방문하니 교장 수녀님이 반겨주셨다. 이 학교는 가톨릭에서 운영하는 특수교육학교라고 했다. 교장실에서 잠깐 학교에 대한 브리핑을 받고 교실을 함께 둘러보았다. 교감 선생님인 시딧이 우리를 안내하였다.

처음 안내받은 교실 문을 열고 안을 쳐다보자마자 난 놀라 하마터면 소리를 지를 뻔했다. 교실에 한 15명 정도의 아이들이 있었는데 생김새가 똑같은 아이들이 검은 흑진주같이 빛나는 눈빛으로 일제히 나를 쳐다보았기 때문이었다. 아, 사랑하는 다운아이들. 학급 학생 전원이 다운신드롬 아이들이었다.

"이 학급에는 다운아이들만 있네요."

"네, 우리 학교 전체 학생이 120명인데 3명 빼고 전부 다운아이들입니다."

"오 맙소사. 바로 내가 꿈꾸던 학교입니다."

아, 내가 꿈꾸던 학교를 이곳 자카르타에서 볼 수 있다니. 교실 하나하나를 돌아가며 방문하였다. 학년이 달라 몸의 크기만 조금 달랐을 뿐 똑같이 생긴 얼굴들이 똑같이 웃고 있었다. 그들 모두 눈동자 속에 사랑하는 내 딸 조이의 얼굴이 보였다.

나를 안내하는 교감 선생님께 물었다.

"가톨릭에서 운영하는 학교라 궁금해서 질문하겠습니다. 학생모두 무슬림이라고 들었습니다. 이 학교에서 성경을 가르칩니까?"

"일주일에 한 번씩 성경공부 시간이 있습니다."

"네? 그럼 학부모들도 동의했습니까? 아니면 살짝 모르게 가르치십니까?"

교감 선생님이 당연히 크리스천인 줄 알고 우리끼리의 대화를 교감 선생님 귀에 대고 살짝 물었다.

"아니요, 정식 커리큘럼에 넣어 공식적으로 가르치고 있습니다. 학부모들도 반대가 없습니다. 그리고 저도 무슬림이지만 반대하지 않습니다."

아뿔싸, 우리끼리만 대화한다고 귓속말을 건넸더니 선생님이 무슬림이었다.

"어째서 학부모들이 반대하지 않을까요?"

나는 내 상식으로는 이해가 되지 않아 되물었다. 내가 아는 이슬람은 다른 종교에 대해 절대 관용하지 않기 때문이었다.

"다른 대안이 없기 때문이죠. 자카르타에 특수교육학교는 우리 학교밖에 없거든요. 가톨릭에서 운영하는 학교이기 때문에 학교정책에 따를 뿐입니다."

"아, 그렇군요." 이렇게 대답하는 내 머리에 이슬람국가를 향한 장애선교의 한 줄기 빛이 비치고 있었다.

내가 부모님들을 만나고 싶다고 미리 부탁해 놓았었는데 교실 순회를 마치고 교무실에 내려가 보니 10여 명의 학부모가 기다리고 있었다.

서로 인사를 나누고 나서 내가 단도직입적으로 물었다.

"금방 교감 선생님으로부터 학교에 대해서 자세히 소개받았고 한번 쭉 둘러보았습니다. 저는 이미 우리 딸 조이가 가진 다운신드롬 장애 친구들로만 구성된 이 학교와 사랑에 빠졌습니다. 한 가지 궁금한 점이 있어서 교감 선생님께도 물어보았지만, 부모님께 다시 한번 물어봐도 되겠습니까? 저는 기독교인이고 또 목사입니다. 그래서 더 궁금증이 더합니다. 이해해 주십시오."

"어떤 질문이든지 편안하게 하십시오. 여기에 있는 부모님은 모두 열린 분들입니다."

"네, 이 학교는 가톨릭에서 운영하고 있는데 여기에 다니는 모든 아이는 무슬림 가족들이라고 들었습니다. 그렇다면, 여기 계신 부모님들도 모두 무슬림이십니까?"

그들은 한결같이 웃으면서 "그렇다"라고 대답했다.

"그렇다면, 학교에서 성경을 가르친다는데 여러분은 반대하지 않습니까?"

아주 예민한 질문을 태연한 척 물었다.

그러나 그 누구도 이 질문에 심각한 반응을 보이지 않았다.

"대안이 없잖아요."

이구동성으로 돌아온 대답이었다. 질문을 한 내가 오히려 머쓱해졌다.

"성경이 또 나쁜 것도 아니고. 아이에게 해로울 게 없지요." 몇 사람이 이렇게 덧붙이기까지 했다. 내 속에서 뜨거움이 훨훨 가슴을 돌기 시작했다.

바로 이거다. 장애 아이를 가진 부모의 마음은 다 똑같은 것이다. 자식을 사랑하는 마음은 종교가 다르다고 인종이 다르다고 전혀 다르지 않다. 이슬람도 우리가 신문이나 TV에서 보는 것처럼 다 과격파만 있는 게 아니다. 아니 오히려 무늬만 이슬람인 사람이 더 많지 않은가? 똑같은 장애아를 가지고 있다는 것이 이렇게 복음의 징검다리가 될 수 있다니.

학부모 몇몇이 차를 한 잔 하자고 했다.

"목사님이라고 불러야 하겠지요?"

"제가 저를 이미 목사라고 소개했으니, 그렇게 불러주세요."

나는 공산권 나라든지 이슬람권 나라 심지어 북한을 갔을 때에도 내가 목사라는 걸 숨기지 않았다. 공공연한 장소에서 기도하는 것도 주저하지 않는다. 오히려 그편이 행동하는 데 훨씬 쉽기 때문이다. 물론 문제를 일으킬 만한 소지가 있는 종교적 행위는 삼가지만.

"목사님, 우리를 좀 도와주세요. 이곳에 장애아들을 위한 프로그램을 운영해 주시죠."

"저는 아시는 바와 같이 기독교인이고 또 앞으로 사역하게 되면 기독교식 프로그램을 할 겁니다. 그래도 괜찮으세요?"

"아까도 말씀드렸지만 괜찮습니다. 다 같은 하나님을 믿는 사람들인데요, 뭘."

내 귀를 의심했다. 다 같은 하나님을 믿는 사람들이라니. 저들도 필요하면 우리의 하나님을 찾는구나. 이슬람권을 향한 장애선교의 무한한 가능성을 타진한 의미 있는 여행이었다.

인도네시아 교회에서 장애사역 시작되다

지난번 자카르타를 방문했을 때 월드 하베스트World Harvest 총재인 지미 오엔토로Jimmy Oentoro에게 인도네시아의 교회가 이제 장애인을 위한 사역을 시작할 때가 되었다고 역설하였다. 지미는 내가 우리의 사역을 소개하자 그의 큰 눈을 더욱 크게 뜨고 우리의 사역에 큰 흥미를 보였다. 지미는 중국계 인도네시아인으로서 인도네시아의 교회가 이제 더는 외국의 원조에 의존하지 않고 자생하여야 하며 더 나아가 모든 에너지를 복음사역과 선교에 쏟아 부어야 한다는 철학을 가지고 월드 하베스트란 기독교 단체를 만들었다. 이 단체는 공동체Community, 교육Education, 매체Media 라는 3대 사역의 방향성을 가지고 인도네시아를 깊이 파고들고 있다. 1989년에 사역을 시작한 이후 지금은 19개국에 사역을 진행하고 있으며 9개국에 사무실을 두고 있을 만큼 왕성한 활동을 하는 국제기구가 되었다.

월드 하베스트에서는 해마다 인도네시아의 기독교인들을 위한 컨퍼런스인 '월드 하베스트 페스티벌World Harvest Festival'을 개최하는데 단지 목회자를 위한 컨퍼런스가 아니라 비즈니스맨을 비롯한 일반 크리스천들에게 인도네시아가 담당해야 할 세계선교에 대해 도전을 하고 있다.

2007년 10월 우리는 이 컨퍼런스에 초청을 받았다. 인도네시아에 기독교 사상 처음으로 장애사역을 소개하는 장소였다. 또 이 컨퍼런스에 연이어 인도네시아 교회 지도자들을 위한 첫 장애사역 컨퍼런스를 따로 열도록 요청을 받았다.

지미는 자기가 알고 있기로 지금까지 인도네시아 교회에서 장애인을 위한 사역을 하는 곳이 하나도 없다고 했다. 이제 자신도 도전을 받아 인도네시아 교회가 장애인을 품고 그들을 전도할 책임을 느꼈다고 말하면서 모인 참석자들에게 도전해달라고 부탁하였다.

지미는 참으로 열정의 사람이다. 지난번에 이 세미나를 위한 부탁을 받았을 때 내가 미리 준비해야 할 일에 대해서 미리 부탁했었다.

"지미, 다음 컨퍼런스 때까지 먼저 기도로 준비해주고, 그다음 인도네시아 교회에 장애사역 컨퍼런스를 알리고 관심 있는 지도자들이 많이 참석할 수 있도록 해주세요. 그리고 다른 교회보다 지미가 담임하는 교회와 교단HFGF부터 이 일을 해보시죠."

10개월 만에 다시 와서 나는 컨퍼런스 참석자가 너무 저조하지 않을까 걱정이 되어 넌지시 물었다.

"지미, 컨퍼런스는 잘 준비되었겠죠. 아니 큰 하베스트 페스티벌har-vest festival 말고 우리 장애사역 컨퍼런스 말입니다." 나의 초조한 질문에 지미는 특유의 웃음을 껄껄 웃으면서 "닥터 김, 준비 완료되었습니다. 자세한 사항은 준비를 책임진 히마완 목사께 물어 보세요."

히마완 목사가 들려준 이야기를 듣고 지미의 열정과 추진력에 다시 한 번 놀라움을 금치 못했다.

"지난번 닥터 김이 다녀간 이후 우리는 즉시 기도모임을 갖고 자카르타에 있는 장애인들을 파악하기 시작했습니다. 그리고 한 달에 한 번씩 그들을 위한 집회를 열었습니다. 첫 모임에 천 명이 넘게 참석했습니다."

"잠깐만, 몇 명이라고? 천 명? 정말?"

"그래요 천 명. 물론 장애인과 봉사자 합쳐서. 닥터 김이 가르쳐 준 그대로 했다니까요."

기가 막힐 노릇이었다. 툭 던지고 간 한마디를 붙잡고 그대로 실행에 옮기는 믿음이 대단했다.

"놀라지 마세요. 장애인들을 위한 복지센터를 놓고 기도편지를 보냈더니 싱가포르에 있는 한 독지가가 20만 달러를 보내주어 이미 대지를 샀답니다."

초고속을 넘어 광속의 질주라고나 할까? 이들의 믿음은 이미 나를 능가해 있었다. 우리에겐 20만 달러짜리 센터 하나도 없다. 단지 외치고 다닐 뿐이다.

인도네시아에서 처음으로 여는 장애사역 컨퍼런스에 100여 명이나 참석했다. 한 번도 장애인을 섬겨보지도 않은 사람들. 이들이 장애인을 위해 헌신하겠다고 모였다. 강의를 듣는 이들의 눈에서 빛과 눈물이 동시에 보였다. 이 세미나를 위해 미국에서 가장 모범적으로 장애사역을 한 경험이 있는 조이선교회 미국사역 책임자인 김진희 전도사가 이들에게 실제적인 도움을 많이 주었다.

베이징 사과나무 아래서

2010년 9월 우리 팀은 베이징에 있는 사과나무 학교라는 이름이 붙은 유치원과 초등학교를 겸한 자그마한 기독교 학교에 특수교육 훈련을 하려고 학교를 방문했다. 캘리포니아주립대 새크라멘토 캠퍼스에서 특수교육학 교수로 일하시는 조이선교회 이사이신 조은미 박사가 주 강사로 3박4일 동안 아침부터 저녁까지 섬겼다. 나는 교사들의 영적 관리 문제와 부모들의 심리에 대한 강의를 맡았고 김진희 전도사는 부모들을 위한 장애 프로그램 소개를 맡았다.

이 학교는 한나와 맥스라고 하는 독실한 중국인 크리스천 부부가 설립하고 운영하는 학교로서 몇 년 전 학생 중에 한인선교사 자녀를 받은 일이 있었는데 그 아이가 다운증후군 아이 조셉이었다. 하지만, 한 번도 장애아를 가르쳐본 경험이 없는 이들로서 매우 난감한 문제가 아닐 수 없었다. 그러나 이들과 한인선교사는 아주 가까운 사이였기 때문에 선교사님의 부탁을 거절하기도 난처했다고 한다. 장애아이 하나쯤 입학시키는 것이 무슨 대수랴 생각하겠지만, 중국에서는 아직도 사정이 다르다. 조셉을 받기로 하자 기존 학부모들이 버럭 화를 내고 반대를 했다. 자신들의 자녀를 장애아이와 함께 가르칠 수 없다는 것이었다. 학교를 책임진 한나는 고민을 많이 했다고 한다. 학부모들을 설득했다. 한 학기만 같이 공부해보고 조셉이 다른 아이들에게 나쁜 영향을 준다면 그때는 그만 다니라고 하겠다고. 이렇게 해서 조셉은 어렵게 입학이 되었다. 상황은 금방 역전되었다. 조셉은 사랑스러운 아이다. 명랑한 아이다. 친절한 아이다. 얼마 지나지 않아 선생님들로부터 가장 인기 있는 아이가 되었다. 다른 친구들도 서로 놀려고 했다. 다른 아이 부모들이 놀랐다.

"조셉 같은 아이라면 아무런 문제 없습니다."

이렇게 해서 조셉은 이 학교에서 3년 동안 모든 사람의 사랑을 독차지했다.

중국에서 전화가 왔다. 조셉 엄마라고 했다.

"조셉이 엄마?" 도무지 누군지 몰라 우물쭈물할 때,

"아니 신학교에서 같이 공부하던 차○○선교사 아시죠? 그 집사람입니다." "아, 오랜만이네요. 중국에 가셔서 선교 잘하고 있다는 것 알고 있고요. 또 선교사님께서 불의의 사고로 돌아가신 것도 알고 많이 마음 아파했습니다. 아무튼, 장하십니다. 남편선교사님이 돌아가셨는데도 돌아오시지 않고 오히려 사역을 이어받아 분투하시는 모습이 감동을 줍니다."

"뭘요, 저는 여기서 더 행복합니다. 그런데 목사님께서 다운아이 조이가 있다는 소식을 들었습니다. 그런데 우리 집에도 다운아이를 주셨어요. 이름이 조셉이랍니다."

조셉은 조이보다 한 해 뒤에 태어났다.

이렇게 조셉이 덕분에 베이징 사과나무 사역이 시작되었다.

세미나가 한창 무르익은 둘째 날 점심때, 데릭이라는 미국이름을 가진 자폐장애아를 둔 아빠하고 점심을 같이 먹게 되었다. 강의 시간에 보았을 뿐 개인적으로 이야기하기는 처음이었다. 강의 시간에 질문하는 것으로 보아 여간 똑똑한 사람이 아님을 알고 있었다. 한 서른 다섯

쯤 되었을까? 자폐를 가진 아들이 12살이고 자신의 첫 아들이라고 했다.

자폐에 관하여 질문할 것이 많다고 이것저것 많이 물어왔다. 아는 범위에서 대답했다. 그러다 갑자기,

"하나님이 왜 자폐아를 만드셨습니까?" 심각한 표정을 지으며 물었다.

'아, 하나님이 이 형제를 나에게 맡기셨구나' 하는 생각이 번뜩 들었다.

자세를 고친 다음 형제에게,

"형제님, 하나님은 자폐아를 일부러 만드시지 않으셨습니다. 오히려 자폐아들을 사랑하십니다."

"닥터 김, 하나님이 자폐아를 일부러 만드시지 않았다면 왜 자폐아를 고치시지 않습니까?"

장애아를 가진 부모라면 으레 물어오는 질문이 시작되었다. 물론 답하기에는 절대 쉽지 않은 질문이지만, 반드시 통과하지 않으면 형제의 영혼을 잡을 수 없는 험난한 상황에 부딪혔다.

"우리 조이를 통해서 저는 너무 많은 행복을 느끼거든요. 물론 장애아를 기르는 게 쉬운 일은 아니죠. 하지만, 내가 장애를 고칠 수 없다면, 그리고 세상 의학으로 장애를 고칠 수 없다면 장애를 받아들이면서 장애아가 가진 행복의 요소를 찾는 게 좋지 않을까요?"

"옳은 말씀입니다만 제 질문은 왜 하나님이 장애를 고쳐주시지 않느냐 말입니다. 하나님이 제 아이를 고쳐주시면 하나님을 당장 믿겠습니다."

나의 정곡을 찔러 함정에 빠뜨려 꼼짝할 수 없게 만들었다고 생각했는지 살짝 웃어 보였다.

솔직히 난감했다. 평소에도 이런 질문을 많이 받긴 했지만, 선교지에서 한 번 만나면 다시 볼 수 없을 상황에서 단 한 번에 예수님을 증거해야 한다는 압박감에 속이 답답해졌다. 속으로 기도했다. 옆에 있는 팀원들에게 속으로 기도해달라고 눈짓을 했다.

"데릭 형제, 아들을 사랑합니까?" 우회 전략을 쓰기로 했다.

"그럼요. 정말 사랑합니다. 우리 아들 고쳐주신다면 내 몸을 내놓겠습니다."

"저도 그렇습니다. 만약 하나님이 아들을 그냥 데리고 살라고 하신다면 아들을 내다 버리시겠습니까?"

"어떻게 아들을 내다 버립니까? 그러니까 마음이 더 아프죠."

"그래요. 그게 아버지 마음입니다. 우리 하나님도 당신의 자식 중에 건강한 사람보다 건강하지 못한 사람들을 더 사랑하는 이유가 거기 있습니다."

"그렇긴 그렇죠. 아픈 자식에게 더 사랑이 가더라고요. 그럼에도 불구하고 하나님을 믿을 수 없어요. 내 눈으로 보기 전에는 믿을 수 없습니다."

"데릭 형제, 컴퓨터 공학을 전공했다고 했죠? 그러면서도 어떻게 눈에 보이지 않는 것은 믿을 수 없다고 하십니까?"

"제 말은 과학적으로 증명되지 않는 것은 믿을 수 없다는 말입니다. 하나님이 계시다는 것을 과학적으로 증명해 보일 수 있으신가요?"

자기도 자신 있다는 것처럼 나를 말로 밀어붙였다.

"오케이, 내가 증명하기 전에 형제가 한번 증명해 보인다면 내가 하나님을 포기하겠소."

나의 말에 형제가 눈을 크게 뜨고 놀란 표정을 했다.

"형제가 과학으로 하나님이 계신 것을 나에게 증명해 보이라고 하니까 나도 똑같이 형제에게 질문하는데 하나님이 계시지 않는다는 것을 과학적으로 나에게 증명해 보인다면 내가 하나님을 포기하겠다니까요."

자신의 논리에 허가 찔렸다고 생각했는지 한풀 꺾여 한동안 말이 없었다. 나는 기회가 왔다 싶어 계속 공략했다.

"형제가 공학을 전공했다고 하면서 어떻게 보이지 않는 것을 믿을 수가 없다고 하세요? 그건 과학정신이 아닙니다."

"어떻게 과학정신이 아닙니까. 그게 과학정신이지요."

"잘 들어 보세요. 100년 전만 해도 보이지 않는 것은 존재하지 않는다고 생각했습니다. 그게 과학정신이라고 했습니다. 그런데 그 후 볼 수 없었던 많은 것을 발견했습니다. X선 적외선, 자외선, 감마선, 베타선 등등. 보이지 않는 것들을 발견하고 과학의 위대한 승리라고 불렀습니다. 성경은 처음부터 보이지 않는 세계가 있다고 해왔습니다.

지금은 전파가 날아다니고 인터넷을 통해 전 세계가 하나로 연결되어 있습니다. 이런 것들을 과학이라고 부릅니다. 보이지 않는 세계가 세계를 이끌어 간다고 믿고 있을 뿐 아니라 신봉하고 있습니다. 그렇다면, 형제가 아직 믿지 않는 영의 세계, 보이지 않는 하나님의 영, 성령 그분이 언젠가는 형제의 눈앞에 보일 때가 있다고 생각지 않으세요? 형제가 단연코 그런 영적 세계가 없다고 부인하실 수 있으십니까?”

데릭의 얼굴에는 이미 논리적인 항복의 그림자가 드리우고 있었다.

논리적으로 똑똑한 사람에게 논리적으로 설명하니까 금방 꺾이는 듯했다.

“데릭, 그러니까 고집 피우지 말고 과학적으로 한번 하나님을 믿어보시지.”

과학, 과학 하는 데릭에게 나도 집요하게 과학적으로 접근했다.

“과학적이라니요? 어떻게 과학적으로 하나님을 믿을 수 있나요?”

“오케이, 어떤 사실이 과학적인 사실로 받아들여지려면 일단 가정을 하고 실험을 하지요. 맞아요?”

“그렇지요.”

“그럼 그 가정을 가지고 실험을 해서 결과가 가설과 맞으면 그 가설은 진리가 되는 겁니다. 그래요?”

“네, 그렇습니다.”

“그런데 진리라는 것은 누가 그 가설을 실험해도 똑같은 결과가 나와야 과학적 진리입니다. 맞습니까?”

“맞습니다.”

데릭은 과학적으로 말하는 나에게 놀라고 있었다. 사실 나도 과학을 전공한 과학도였으니까 과학을 하면서 내내 스스로 고민했던 문제였다. 그리고 찾은 해답이었기 때문에 술술 잘 설명할 수 있었다.

“그럼 나랑 내기할래요?”

“뭘요?”

“나는 하나님이 계신 것을 믿어요. 그러나 형제는 하나님이 계시다는 사실을 가설로 놓고 실험해 보세요. 나에게는 이미 증명된 실험이니까 진리입니다. 이 진리는 형제가 실험해도 같은 답이 나와야 합니다. 가설에 대한 같은 답이 나오려면 실험방법이 정확하게 같아야 합니다. 실험을 성공한 사람의 방법을 한 치 오차도 없이 그대로 따라 해야 합니다. 과학적으로 맞는 실험방법입니까?"

"네 그렇죠."

"그렇다면, 형제에게 내가 믿는 하나님을 보여 드리죠. 만나게 해 드리죠."

데릭은 의심 반 호기심 반으로 나를 뚫어지게 바라보았다.

"형제가 내가 하나님을 만난 방법을 그대로 하면 100% 하나님을 만날 것을 약속합니다. 다만, 한 치의 의심이나 다른 방법을 혼용해서는 안 됩니다. 내가 하라고 하는 방법대로 하다 보면 언젠가는 하나님을 만날 수 있습니다. 다만, 과학에서 실험할 때 실험에 걸리는 시간은 실험하는 과학자에 따라 다 다른 것처럼 하나님을 만나는 시간도 다 다릅니다. 그러나 반드시 100% 만나실 수 있습니다. 그러므로 하나님을 만나실 때까지 제가 시키는 방법대로 하시면 됩니다."

충분히 이해가 되었는지 고개를 끄떡일 뿐 아무 말이 없었다. 내친 김에 마지막 끝내기 펀치를 날리기로 했다.

"데릭 형제, 지금부터 실험하죠. 실험하기 전에 하나님께 기도합시다. 형제가 하나님을 만나고 싶다고 말해야 합니다."

"그러죠."

이렇게 해서 데릭 형제는 영접기도를 마쳤다. 눈에는 눈물이 고였다.

"이제 그분을 만날 수 있을 것 같습니다. 말씀하신 대로 매일 성경 읽고 교회를 나가겠습니다. 아들을 위해서라도…."

세미나를 마치고 숙소로 돌아가는 초저녁. 온종일 쏟아지던 비가 멎고 파란 하늘에 일찍 나온 반달이 수줍은 듯 살포시 웃는 가운데 비둘기 한 마리가 반달을 가로질러 창공을 나는 모습이 보였다.

4부 복음의 바람잡이 바울이

쯧쯧, 전도사님. 참 답답하네요!

나의 동역자 김진희 전도사는 바울이 엄마다. 바울이는 올해_{2011년} 27세 된 다운증후군 청년이다. 내가 조이의 사랑을 먹고 사역을 한다면 전도사님은 바울이의 사랑에 힘입어 사역하는 셈이다. 2년 전인가 바울이를 데리고 어느 교회를 방문한 적이 있다. 찬양팀에 유난히 나이 많은 반백의 할아버지뻘 되는 분이 청년들과 어울려 찬양하고 있었다. 이분은 찬양하는 내내 두 손을 높이 들고 흔들어 댔기 때문에 금세 눈에 띄었다. 청년들 틈에 끼어 찬양하는 모습을 보고 꽤 신선해 보이기도 했고 한편 그림이 좀 그렇다는 생각도 들었다.

예배가 끝나고 예배당을 빠져나오는데 찬양팀의 바로 그분이 바울이에게 다가오더니 아는 체를 했다. 바울이가 조이센터 스태프인 자매와 함께 몇 번 이 교회 찬양예배 때 온 일이 있었기 때문이다.

그분이 바울이 엄마인 김 전도사님을 보고 인사를 했다. 웃는 얼굴이 아니라 사뭇 심각하게 어떻게 보면 좀 짜증 난다는 표정을 지으며 인사를 했다.

"이 친구 엄마 되세요?"

"네, 바울이 엄마 김진희 전도사입니다."

"음, 이 친구 이름이 바울이로군. 엄마가 전도사님이셨군요. 전도사님이시라니까 말씀드리기 더 좋네요. 전도사님 아들 바울이를 위해서 기도 안 하세요?"

"네, 무슨 말씀이세요?"

"기도만 하면 될 일을 두고 기도를 안 하시니까 제가 답답해서 드리는 말씀입니다. 전도사님, 하나님께서 바울이를 고치셔서 사용하시길 원하십니다. 그런데 그걸 전도사님이 막고 계신 겁니다. 이 교회에 계속 데리고 나오시면 바울이를 고칠 수 있습니다. 제가 기도해 드릴게요.”

“말씀은 감사한데요. 저는 그냥 이대로가 좋거든요. 먼저 가보겠습니다. 안녕히 계세요.”

26년 동안 다운증후군이라는 장애로 산 바울이를 보고 이런 말을 하는 사람을 질리도록 많이 만나보았기 때문에 이런 유의 사람들 피하는 방법도 터득한 지 오래되었다.

하나님을 들먹거리며 마치 자기가 고칠 수 있는 것처럼 거들먹거리는 사람들을 너무나 많이 보았다.

“허 참, 별꼴 다 보겠네. 그대로가 좋다니. 저런 믿음으로 무슨 전도사를…” 뒤에서 질겅질겅 씹는 소리가 들려왔다.

사람들은 병과 장애를 구별하지 못한다. 사람들은 하나님께서 하실 수 있는 일과 할 수 없는 일을 구별하지 못한다. 이렇게 말하면 아니 하나님이 할 수 없는 일이 어디 있느냐고 당장 대든다. 죽은 나사로도 살리신 능치 못하심이 없는 하나님이 그까짓 장애 쯤 못 고칠까 하며 우리에게 기도를 강권한다. 자기 아이의 장애를 낫게 해달라고 목숨 걸고 기도 안 해보고 뭔들 안 해본 부모가 어디 있겠는가? 낫지 않고 여전히 장애를 안고 사는 사람들은 전부 믿음이 없는 사람이요, 아직 죄가 해결되지 않은 사람이요, 헌신이 덜된 사람일까? 아직 기도의 양이 덜 찼다느니 헌금의 양이 부족해서 그렇다고 얼마나 많이 면박을 당했던가?

사람들은 하나님이 모든 것을 하실 수 있다고 믿는다. 아니 모든 것을 해야 한다고 믿는다. 그래서 죽은 자도 살리시고 장애도 고치셔야 한다고 믿는다. 아니, 그래야 한다고 자주 하나님께 상기시켜 드린다. 그러나 하나님이 하실 수 있어도 안 하실 수도 있다는 것은 믿지 않는다. 아니 그러시면 안 되지. 할 수 있으면서 왜 안 해? 이런 투다.

하나님께서 하지 않으시는 것을 겸손하게 받아들이는 것이 참 믿음이다. 하나님의 능력이 없어서가 아니라 고치고 싶은 마음을 꾹 참고 누르시는 하나님이 더 힘드실 것이다. 우리가 할 수 있으면서 하지 않으면 그건 죄다. 나쁜 짓 하는 것 빼놓고. 그러나 하나님은 할 수 있으면서 하지 않는 게 더 힘들다. 하나님이신 예수님이 그의 신성을 잠시 유보하시면서 십자가를 지신 것이 더 힘들었던 것처럼. 십자가가 없는 사랑은 진정한 사랑이 아니다. 장애의 고통을 알지 못하고 인생을 논하는 게 무의미해 보이는 이유가 바로 그 때문이다.

디즈니랜드 밴드 드럼 주자, 김바울

바울이는 누가 가르쳐 주지 않았지만, 드럼을 꽤 잘 친다. 조금 더 잘 쳤으면 하는 마음에서 드럼 선생님을 붙여주었더니 오히려 선생님을 가르치려고만 들어서 몇 번 더 시도해 보다가 포기하고 말았다. 사람들 앞에서 "바울아, 드럼 한번 쳐봐!" 하면 잘 치던 드럼도 내려놓는 청개구리 바울이. 바울이의 음악성은 정말 타고난 듯하다. 거리를 지

나다가 음악이 들려오면 영락없이 그 노래를 흥얼거리며 영화 주인공의 이름을 말하거나 영화 장면을 흉내 낸다. 엄마는 기억도 가물가물한 영화의 주제곡이나 배경음악을 정확하게 기억한다. 수도 없이 많은 곡을 어떻게 딱 한 번만 듣고 기억하는지 신기할 따름이다. 그런 바울이도 정작 엄마와의 대화는 단답형의 몇 마디 답 밖에는 하지 못한다. 정말로 말을 못하는 것인지 말을 안 하는 것인지 헷갈릴 때가 잦은 것은 이 녀석이 알 것은 죄다 알고 있어서다.

드럼을 치는 것만 해도 그렇다. 엄마가 섬기던 교회의 고등부 드럼 주자였던 바울이의 형 다윗이 드럼 치는 모습을 뚫어지게 바라본 것이 전부다. 엄마가 교회봉사를 하는 동안 바울이는 이방 저방 다니며 비어 있는 자리의 드럼을 쳐댔다. 신기하게도 박자를 잘 맞추었다. 그 이후로 바울이는 시간만 나면 드럼을 쳤다. 그렇게 해서 나름대로 드럼을 터득해 나갔다.

한번은 나와 함께 어느 교회 방문을 갔을 때다. 바울이는 교회를 방문할 때마다 드럼 치는 자리가 비어 있는지를 확인하는 게 제일 먼저 하는 일이다. 자리가 비어 있기라도 하면 천연덕스럽게 드럼 앞에 앉아버렸다.

이날도 교회에 도착하니 찬양팀이 찬양연습을 하고 있었다. 아뿔싸, 마침 드럼 주자가 화장실을 갔는지 드럼이 비어 있었다. 눈 깜짝할 사이 바울이가 자리를 차지하고 앉았다. 주인이 와도 아예 못 본 척했다. 엄마가 내려오라고 아무리 손짓을 해도 막무가내였다. 예배를 알리는 종이 울리자 그제야 쓱 자리를 내주었다.

예배가 시작되고 찬양팀의 찬양인도가 시작되었다. 바울이는 여느 때처럼 자리 옆 통로로 나가 몸을 흔들어 댔다. 찬양을 하는 내내 땀을 흘려가며 몸을 흔들며 기타 치는 흉내를 냈다. 와~ 모든 교인이 저렇게 열성적으로 찬양할 수만 있다면 얼마나 좋을까?

찬양이 끝나고 대표기도 순서가 되었다. 기도 후에는 특송 순서다. 기도를 마치고 눈을 떠보니 바울이가 드럼 앞에 앉아 있었다. 이 교회는 좀 엄숙한 데가 있어서 예배시간에는 흩어짐이 없었다. 앞에 가서 끌어내리기엔 이미 늦었다. 불행 중 다행인지 사람들도 바울이에게 별 관심을 보이지 않는 듯했다. 나와 바울이 엄마만 초죽음이 되어 바울이를 바라보고 내려오라고 연방 사인을 주었지만, 바울이는 일부러 시선을 피했다.

'독창자가 바울이 아는 노래를 했으면 좋겠다.' '바울이 저 녀석 폼만 잡고 그냥 드럼 치는 흉내만 내고 앉아 있었으면 좋겠다.' 이런 생각을 하고 있는데 독창자가 나왔다. 피아노 반주자가 전주를 시작했

다. 아뿔싸, "거룩한 성"이다. 큰일 났다. 이 노래에 드럼을 마구 두들
겨대면 큰일 난다. 엄마는 사색이 되었다. 그러나 바울이는 태연한 표
정으로 전주를 가만히 듣고 있더니 독창자가 노래를 시작하자마자 드
럼 막대를 북에 갖다 대었다. 그런데 이게 웬일인가? 들릴까 말까 하
는 아주 작은 소리로 "거룩한 성" 모든 음률에 박자를 맞추는 게 아닌
가? 독창자의 노래가 끝나고 또 예배가 끝났다. 바울이 엄마는 목사님
과 독창자 그리고 주위에 있는 교인들에게 죄송하다고 연방 사과를
했다.

"아니 그거 미리 연습한 것 아니었어요? 우린 서로 연습해서 나온
줄 알았어요."

바울이는 이렇게 사람들을 깜작깜작 놀라게 한다.

바울이가 15살 때 엄마와 함께 디즈니랜드로 놀러 갔을 때 일이다.
이날따라 무슨 특별한 행사가 있었나 보다. 야외에 간이 음악당을 만
들어 놓고 밴드가 경쾌한 곡을 연주하고 있었고 사람들은 그 주위에
모여 음악에 맞추어 흥겹게 몸을 흔들고 있었다. 자연적으로 바울이
도 음악 소리에 이끌려 밴드 앞에 서서 장단에 맞춰 씰룩 씰룩 엉덩이
를 흔들며 음악을 즐겼다. 연주는 쉼이 없이 메들리로 계속 되었다. 그
런데 갑자기 드럼 주자가 급한 볼일이 있었는지 잠시 자리를 비웠다.
바울이가 잽싸게 전광석화처럼 그 자리에 가 앉아 버렸다. 그리고 태
연스럽게 밴드 음악에 맞추어 드럼을 쳐댔다. 연주를 하던 멤버들이
처음에는 화들짝 놀란 표정을 짓다가 활짝 웃으면서 계속 치라고 눈
으로 사인을 주었다. 한 곡의 연주가 멋지게 끝났을 때 원 주자가 돌아

왔다. 드럼 앞에 앉아 있는 바울이를 보더니 웃으며 한 곡 더 쳐보라고 권하자 바울이는 신이 나서 드럼을 쳤다. 이번에는 바울이가 좋아하는 영화 주제곡이 연주되자 바울이는 익숙한 음률에 더욱 자신감이 생겨 몸을 흔들어대며 신나게 드럼을 두들겨댔다. 결코, 거슬림이 없는 연주였다. 연주가 끝나자 관중도 일제히 바울이를 향해 손뼉을 쳤다. 밴드 주자들도 바울이를 포용해 주며 원더풀을 연발했다. 이렇게 해서 바울이는 디즈니랜드 밴드에 멋지게 데뷔하였다. 하하. 장애아를 있는 그대로 품을 줄 아는 미국 시민이 정말 멋지게 보였다.

복음의 바람잡이 김바울 선교사

"바울이는 강대상에서 내려오게 하면 안 돼."

"바울이는 선교지에서 돌아오면 안 돼." 우리가 우스갯소리로 하는 말이다.

그만큼 바울이가 찬양시간에 드럼을 칠 때나 선교지에서 선교 일에 동참할 때는 너무도 진지한 하나님의 일꾼이기 때문이다. 한편, 보통 땐 그냥 배트맨 흉내를 내거나 만화영화에 몰두해 먹는 것도 거부하는 타락한(?) 선교사다.

멕시코로 선교여행을 자주 간다. 물론 조이와 함께. 바울이와 조이는 협력선교사(?)로 일한다. 센터에서 함께 있을 때는 앙숙처럼 으르렁거리다가도 선교지에만 가면 둘 다 훌륭한 선교사다. 멕시코에 가면 스페인 말을 모르는 우린 일단 말이 통하지 않아 현지 선교사에게 전적으로 의지해야 한다. 심지어는 화장실 가는 것까지 인도받아야 한다. 그런데 어찌 된 일인지 바울이와 조이는 온종일 멕시코 친구들과 놀면서도 어른들을 찾지도 않는다. 화장실 가는 일 먹는 일 모두 자체적으로 해결한다. 거참. 말도 안 통하는 아이들이 멕시코에서는 더 잘 행동한다. 바울이와 조이는 언어능력이 제한되어 있기 때문에 미국에서는 소위 말하는 언어장애가 있다. 그래서 조이는 언어치료를 계속 받고 있다. 그런데 국경만 넘으면 바울이와 조이는 정상인이고 우리가 언어장애인이 되고 만다. 참으로 묘한 이치다. 그러니까 말 좀 한다고 까불 일이 아니다.

선교지에서 어른들이 집회를 위해 낮에 집집이 전도지를 나누어 주면 바울이와 조이도 열심히 전도지를 나누어 준다. 어느 날은 집회가 시작되었는데 바울이가 슬그머니 자리를 박차고 나갔다. 걱정이 된 엄마는 어디를 가는지 지켜보았다. 놀랍게도 바울이는 교회 근처 집집이 대문을 두드리며 사람들을 불러냈다. 그리고 사람들을 모아 인솔하여 교회로 데리고 왔다. 자기가 보기에도 집회에 사람들이 너무 오지 않았다고 생각이 되었나 보다. 바울이는 가는 곳마다 만나는 사람마다 집회장으로 가자고 따라올 때까지 중얼거리며 손짓을 한다. 때론 무조건 손을 잡고 끌고 오기도 한다. 바울이의 손을 냉정하게 뿌리치는 야멸친 사람을 아직 한 번도 보지 못했다. 이렇게 해서 바울이에게 붙여진 별명이 '복음의 바람잡이' 다.

바울이는 멕시코 이외에도 중국에 세 차례 다녀왔다. 작년 여름에 바울이는 8명의 대원과 함께 중국과 캄보디아를 거쳐 베트남까지 이르는 3주간에 걸친 장애선교를 다녀왔다. 엄마가 그냥 바울이를 데리고 다녔다고 생각하면 큰 오산이다. 선교 후 평가회에서 이번 선교에 가장 큰일을 한 대원이 누군가하고 물었을 때 만장일치로 바울이가 지명되었다. 이번 선교에서 바울이에게 또 하나 붙은 별명이 '무장해제반'이다. 이번 선교일정은 워낙 많은 곳을 방문하다 보니 한곳에서 사람들과 깊이 사귈 시간이 부족했다. 서먹서먹한 분위기를 좀 넘길라치면 작별인사를 해야 하는 그런 상황이었다. 이런 꽉 짜인 일정에서 바울이의 역할은 정말 빛났다. 특별히 가히 살인적이라고 말할 만큼 무더운 동남아 지역의 날씨 가운데 이곳저곳 옮겨 다니며 장기간 사역을 해야 하는 피곤한 일정에서 바울이는 모두에게 청량제 역할까지 잘 수행했다.

'무장해제반'이란 별명이 붙은 이유는 바울이는 새로운 지역을 방문할 때마다 제일 먼저 만나는 현지인들과의 서먹서먹함과 거리감을 한 방에 날려버리기 때문이었다. 시장을 가서 낯선 사람을 만나거나 심지어는 우리를 해치려고 마음을 먹은 치한들에게까지 바울이는 스스럼없이 다가가 그들을 먼저 웃게 하였다. 그런 다음 우리가 다가가니까 친구의 가족이 오는 것처럼 환영을 받는다.

뭐요? 바울이가 트럭에 치였다고?

"목사님, 우리 바울이가 트럭에 치였대요."

전도사님이 통곡하며 뛰어나갔다.

"차근차근 말해주세요. 흥분하면 큰 사고가 나니까 가만히 있어요. 내가 운전해 줄 테니까. 도대체 무슨 일이에요?"

전도사님의 흐느낌은 더욱 강도를 높여갔다.

"금방 학교에서 전화가 왔는데 바울이가 트럭에 치였대요. 그래서 지금 응급실에 가 있대요."

"네? 빨리 가봅시다."

"괜찮아요. 혼자 갈 수 있어요."

사무실과 학교는 불과 5분 거리에 있기 때문에 금방 학교 사무실에 도착했다.

"우리 바울이 어디 있어요?"

"학교와 가까운 세인트 주드 병원 응급실로 갔어요. 같이 가시죠."

"그런데 어쩌다 바울이가 학교에서 트럭에 받힐 수가 있나요?"

"네? 트럭에 치이다니요? 차 사고가 아닙니다. 아침에 바울이가 학교 체육 시간에 트랙을 돌다가 갑자기 쓰러졌어요. 그래서 급히 병원으로 옮긴 겁니다."

바울이가 쓰러졌다는 말을 듣고 정신이 나가 트랙이라고 하는 말을 트럭으로 알아듣고 트럭에 받혔나 보다 지레짐작한 것이다.

양호교사의 말을 듣자 맥이 풀렸다. "이놈 자식, 또 쇼를 했구나."

병원에 도착하자마자 응급실로 향했다. 그러나 엄마는 걱정되지 않았다. 분명히 응급상황이 아니라는 걸 짐작했기 때문이다.

바울이가 누워 있었다. 심전도 검사를 하기 위한 주삿바늘이 가슴과 팔에 꽂혀 있었고 링거주사액이 한 방울씩 들어가고 있었다. 바울이는 꼼짝도 않고 누워 있었다. 양호교사는 걱정스럽게 "아직 바울이가 깨어나지 않았나 봅니다."

엄마가 바울이의 귀에다 대고 한마디 했다.

"바울아, 엄마 마음 아프니까 그만하고 일어나."

이 말을 마치자마자 바울이는 벌떡 일어났다. 싱긋 미소와 함께. 지켜보던 선생님과 의료진이 깜짝 놀랐다.

"무슨 마술이라도 했나요?"

"죄송합니다. 우리 아들이 죽은 척했을 뿐입니다."

그제야 사람들이 안도의 한숨을 쉬었다. 그리고 따끔하게 한마디 했다.

"지금 정말 생명이 위급한 환자들이 많은데 이런 장난치면 정말 곤란합니다."

"죄송합니다."

바울이는 이번이 처음이 아니다. 그야말로 상습범이다.

이때가 바울이가 21살 트로이 고등학교 15학년 때였다. 15학년이라니?

미국의 학제는 12학년 제도이다. 초등학교부터 고등학교 졸업 때까지 12년을 공부한다. 미국은 주에 따라 또는 도시에 따라 초등학교를 5년 또는 6년간, 중등학교를 2년 또는 3년간, 고등학교는 대개 4년간 공부한다. 그런데 미국은 법에 따라서 장애아는 고등학교 때 21세까지 교육을 연장해서 받을 수 있다. 연장해서 공부하는 내용은 주로 자립생활을 돕는 내용으로 이루어져 있다. 그래서 15학년까지 공부할 수 있다는 뜻이지 실제로 그렇게 부르지는 않는다.

바울이는 죽은 척하는 버릇이 있다. 새로운 환경에 가서 사람들의 관심을 집중시키기 위해서 바울이가 쓰는 비법(?)이다. 갑자기 쓰러져 버린다. 그리곤 죽은 듯 가만히 있다. 사람들이 재빨리 구급차를 부른다. 응급처치를 하고 가까운 병원 응급실로 이송한다. 응급실에서는 병실에 눕히고 산소마스크를 씌우고 링거를 꽂는다. 이러는 동안 바울이는 정말 꼼짝도 않는다. 모든 의료진이 감쪽같이 속는다. 그런 횟수를 꼽자면 열 손가락이 모자란다. 바울이의 상습 쇼 때문에 세인트 주드 병원과 나츠 베리 팜Knotts Berry Farm 놀이 공원은 이제 바울이 출입금지령이 내려져 있을 정도다.

한번은 엄마가 먼 곳에 나와 있을 때 병원에서 전화가 왔다. 바울이가 응급실에 와 있다는 것이었다. 경위를 물어보니 토요학교에서 교사를 따라 소크 시티soak city, 오렌지카운티에 있는 물놀이 공원로 물놀이를 갔었는데 물놀이를 하다가 갑자기 쓰러졌다는 것이었다. 함께 따라간 수아 선생은 이미 바울이의 못된 습관을 아는지라 금방 달려가 애원을 했다. "바울아, 그러지 말고 일어나!" 꼼작도 않는다. 사람들이 몰려오고 구급차가 달려왔다. 수아 선생이 구급요원들에게 설명했다. 그냥 죽은 척한 것이니까 괜찮다고 말해도 그들은 그럴 수가 없다고 물러서지 않았다. 수아 선생도 덜컥 겁이 났다. 오늘은 혹시 정말이 아닐까? 구급요원들은 꿈쩍도 않는 바울이를 싣고 병원으로 내달았다. 수아 선생도 뒤따라갔다. 엄마에게 전화를 걸었다. 너무 멀리 떨어져 금방 올 수도 없는 거리였다. 응급실에 도착하고 침대에 누이고 또 산소마스크와 심전도, 링거를 꽂았다. 바울이는 미동도 않았다. 엄마가 바울이 귀에다 수아 선생의 전화를 갖다 대라고 했다.

“바울아 엄마 많이 속상해. 그러지 말고 일어나.”

어찌 된 일인지 바울이가 꿈쩍도 않는다. 이번에는 진짜인가 보다. 수아 선생은 바짝 긴장되었다. 엄마도 정말 문제가 있는 게 아닌가 싶어 걱정되기 시작했다. 다시 한 번 수아 선생에게 바울이 귀에 갖다 전화를 갖다 대 달라고 부탁을 했다.

“바울아, 바울아 엄마 마음 아파 울고 싶어. 그만 하고 일어나. 엄마가 맛있는 거 사줄게.”

그때 바로 바울이가 툴툴 털고 일어나 손에 꽂힌 주삿바늘을 뽑아버렸다.

“나쁜 자식!” 엄마 입에서 탄식소리가 새어 나왔다.

“그러니까 바울이는 선교지에 나가야 한다니까.” 옆에서 내가 반주를 넣었다.

토 할망정 많이 먹자

2004년 날씨가 화창한 늦은 여름 어느 토요일. 이날은 조이센터에서 운영하는 토요학교 학생들이 야외 견학을 나가는 날이었다. 야외 견학 장소는 그리피스 천문대로 정해졌다.

그리피스 천문대는 영국의 그리니치 천문대 같은 종류의 천문학 연구실 역할을 하는 것은 아니지만, 그리피스 천문대는 로스앤젤레스의 아이콘이라 할 수 있다, 천문대가 있는 자리가 전부 공원으로 되어 있고 시민이 여가를 즐기거나 만남의 장소로 가장 많이 찾는 곳이기도 하다. 할리우드 간판이 천문대가 자리 잡은 할리우드 산 바로 밑에 놓여 있는 것으로도 유명하다.

우리 장애인 친구들을 될 수 있으면 많은 곳을 견학시킨다. 보통 사람들이 즐기는 것이라면 모든 문화에 접근시키려고 노력한다. 장애인이기 때문에 못한다는 논리는 적어도 미국에서는 통하지 않는다.

최근의 장애인을 위한 정책은 접근권의 원리라는 잣대로 측정한다. 즉 장애인도 비장애인들이 누리는 모든 권리에 접근할 수 있어야 한다는 것이다. 건물이나 경기장 같은 건물에 접근할 수 있도록 경사로를 만드는 가장 기초적인 것부터 시각장애인들이 영화를 볼 수 있도록 묘사영화를 만든다거나 척수장애인들이 스키를 즐길 수 있도록 그들을 위해 특별히 고안한 스키 장비에 이르기까지 다양하다.

이런 정신을 바탕으로 우리가 운영하는 조이토요학교에서는 우리 장애인 친구들이 가능한 모든 것을 다 맛볼 수 있도록 다양한 프로그램을 제공하고 있다.

그리피스 천문대에 오른 토요학교 지적장애아 친구들. 교사들과 일대일 도우미들까지 합치면 100명이나 되는 대식구들이 산책로를 따라 정상에 있는 천문대까지 등산했다. 야외에 나오면 무엇이 그렇게 좋은지, 실내에 있을 땐 몸을 비틀고 잠시도 가만있지 못하고 방안을 왔다 갔다 하기만 하던 몇몇 자폐장애 친구들이 오히려 쏜살같이 앞으로 달려나가는 바람에 도우미들이 그들을 잡느라 땀을 훔치는 모습이 여기저기 보였다.

천문대 안에 달린 거대한 시계추를 보고 탄성을 지르는 친구들부터 전시된 많은 과학전시물에는 관심에도 없는 듯 눈길도 주지 않은 채 자기만의 상상 속에 빠져 혼자 중얼중얼하는 친구도 있었다.

바울이는 특유의 친화력으로 스치는 관람객마다 손을 내밀어 인사를 건넸다. 오늘따라 멕시코에서 산 카우보이 밀짚모자가 참 잘 어울렸다.

로스앤젤레스 시내가 내려다보이는 쪽으로 서서 단체사진을 찍고 공원에 앉아 준비해간 김밥을 먹었다. 우리 친구들은 김밥을 너무나 좋아한다. 하긴 김밥을 좋아하는 게 아니라 먹는 걸 좋아한다고 말해야 맞는 말이다. 잠시라도 감시를 소홀히 하면 눈 깜빡할 사이에 김밥을 낚아채서 입에다 쑤셔 넣는다.

아니나 다를까, 바울이가 마파람에 게 눈 감추듯 김밥 도시락 하나를 순식간에 해치우고 또 하나를 확보했다. 김밥을 나누어 주는 선생님은 바울이가 처음인 줄 알고 또 하나를 내준 것이다. 바울이는 이제 여유 있게 천천히 김밥을 하나하나씩 먹으면서 큰 인심을 써서 옆에 계신 마라톤 선생님 입에다 하나 쏙 집어 넣어주기도 했다. 다 먹고 주섬주섬 일어나더니 예쁘게 생긴 도우미 자매에게 다가가 애교를 떨며 "이거 뭐야?" 하며 김밥을 가리켰다. 바울이는 무엇이 먹고 싶을 때는 '이것 주세요' 하는 대신에 '이것 뭐야' 라고 한다. 이 자매는 도우미를 한 지 얼마 되지 않은 초보인지라 사정을 모르고 친구들의 먹는 것을 조절해주어야 한다는 사실을 잘 모르고 있었다. 그리고 바울이가 이미 김밥 도시락을 두 개나 처치했다는 사실도 몰랐다. 김밥을 수소문했으나 남은 도시락이 없었다. 이 자매는 자기가 먹고 있던 김밥과 다른 사람들의 김밥까지 차출해서 긴급 김밥 도시락을 만들어 바울이에게 주었다. 바울이의 눈은 시종 엄마를 찾고 있었다. 엄마에게 무엇을 부탁하려고 찾는 게 아니라 엄마에게 들키면 끝장이니까. 엄마는 이 학교 전체의 운영을 맡아 책임지는 전도사님이신지라 오늘도 학생 하나하나 신경 쓰느라 정작 자기 자식 바울이에게 눈 한번 맞출 시간이 없었다. 바울이에게는 오히려 다행이었다. 눈치 빠른 바울이는 바로 이걸 노린 것이다. 도시락을 받아들고 허리춤에 감추더니 천문대 쪽으로 몸을 옮겼다. 마치 아까 감상하지 못한 천문대를 뒤늦게 감상하려는 듯한 폼을 잡고. 사실은 그쪽으로 몸을 숨겨 또 하나의 김밥을 먹기 위해서다.

친구들을 하나하나 챙기던 엄마 전도사님이 그제야 바울이 생각이 났다. 혹시 아들이 점심을 얻어먹기나 한 걸까? 이런 걱정은 해본 일이 없다. 어딜 가든 먹는 것 하나는 잘 찾아 먹으니까. 오히려 "많이 먹지 못하게 해야 하는데" 늘 이런 걱정이다.

바울이를 찾았다. 바울이가 없다. 도우미 자매도 바울이가 어디 갔는지 몰랐다. 잠시 한눈을 팔았기 때문이다. 바울이를 찾았다. 마침 바울이가 천문대 쪽으로 가는 걸 보았다는 선생님이 있어서 천문대 쪽으로 가보니 바울이는 천문대 바깥쪽 난간을 잡고 로스앤젤레스 시내를 바라보며 너무도 행복한 표정으로 김밥을 하나씩 입에 털어넣고 있었다.

엄마는 직감했다. 이게 첫 번째 도시락이 아니라는 것을. 그러나 엄마는 남은 김밥을 뺏지 않았다. 남은 하루를 망치고 싶지 않았기 때문이다.

엄마는 바울이의 건강에 많은 신경을 쓴다. 많이 먹어 살이 찌는 것과 전쟁을 해야 하기 때문이다. 매일 운동도 시키고 먹는 양도 조절해 주고 절제시킨다. 엄마와 있을 때는 전혀 문제가 없다. 그런 엄마의 노력 덕분에 바울이는 나름 보기 좋은 몸매를 유지하고 있다. 한번은 이런 일도 있었다. 다음 날 특별행사가 있어서 계란을 한 바구니 삶았다. 껍질을 까서 바구니에 담아놓았다. 잠시 나갔다 오니 계란 바구니가 쑥 줄어 있었다. 바울이가 삶은 계란 20개쯤 해치운 것 같았다. 입에 노른자가 잔뜩 묻어 있는데도 한사코 자기는 먹지 않았다고 잡아떼었다.

그토록 음식을 탐하는 바울이를 어떻게 절제시킬 수 있을까? 일단 밥을 먹기 전에 바울이의 몫을 따로 덜어 놓고 오늘 바울이 밥이라고 말하면 바울이는 절대로 더 달라고 하는 법이 없다. 그런데 이런 합의를 보지 않았는데 바울이가 확보한 음식을 뺏으면 그때는 난리가 난다. 그래서 오늘도 바울이가 먹고 있던 김밥을 빼앗지 않았던 것이다.

이제 돌아갈 시간이 되어 모두 버스에 올랐다. 피곤한지 우리 친구들은 꾸벅꾸벅 졸았다. 내려간 지 얼마 되지 않았는데 바울이가 갑자기 토하고 말았다. 아뿔싸. 너무 많이 먹은 것이다. 선생님들이 청소하느라 애를 먹었다. 다 토하고 난 바울이는 기분이 좋아졌는지 금세 옆에 앉은 선생님께 장난을 걸었다.

우리 지적 장애인 친구들의 신념은 이런 것이다.

"토할망정 많이 먹자!"

경찰 헬기가 뜨다

출발했던 교회로 돌아왔다. 미리 기다리고 있던 부모님들이 버스에서 내리는 자기 자녀를 맞이하느라 법석이었다. 선생님과 도우미들도 학생을 인계하고 부모들과 인사를 나누느라 정신이 없었다. 총 책임자인 김 전도사님도 버스 운전사에게 사례하고 공동 짐을 챙기고 부모들과 일일이 인사를 나누느라 정신이 하나도 없었다. 이날따라 어느 학부모 한 분이 긴한 상담을 요청해와 교회 한구석으로 가서 잠깐 10분 정도 이야기를 나누었다. 이야기를 마치고 돌아오니 학생들은 모두 다 돌아갔고 몇몇 선생님들은 뒷정리를하고 있었다.

전도사님은 학교 디렉터로 수고하시는 특수교육 교사인 에이미 선생님에게 "수고했어요" 하고 등을 두드려 주면서 "우리 바울이는 어디 있어요?" 하며 아들을 찾았다.

"바울이요?" 바울이 도우미 자매를 찾았지만 이미 집에 가고 없었다. 자매에게 급히 전화를 했더니 버스에서 잘 내려 교회로 들어갔기 때문에 자기는 집에 그냥 왔다고 했다. 바울이를 수색하기 시작했다. 가끔 바울이는 교회 안에 있는 아무 방이나 들어가 놀기를 잘하기 때문에 교회의 모든 방을 다 수색했다. 없었다. 엄마는 교회 바깥 주변과 동네를 돌며 "바울아 바울아" 목청을 높여 부르며 이곳저곳을 뛰어다녔다. 근처 가게를 다 훑어봐도 바울이는 보이지 않았다.

나도 바울이가 없어졌다는 보고를 받고 급히 현장에 달려왔다. 천천히 바울이의 동선을 확인했다. 바울이가 버스에서 내린 것까지는 확인되었는데 그 후부터 본 사람이 없었다. 학생들이 해산하고 이미 한 시간이 지났지만, 바울이를 찾지 못했다. 이제 더 지체하지 말고 경찰의 도움을 받기로 했다. 긴급 구조요청을 했다. 5분이 되지 않아 두 대의 경찰차가 현장에 도착했다. 내가 경위를 설명했더니 한 경관이 급하게 누구에겐가 무선연락을 했다. 금세 다른 경찰차가 세대나 더 도착했다. 그리고 엄마인 전도사님에게 혹시 바울이가 쓰던 물건이 있으면 하나 달라고 했다. 마침 바울이가 입던 바지와 신발이 차 안에 있어 갖다 주었다. 나중에 온 경찰차에서 경찰견이 나왔다. 잘생긴 골든 리트리버였다. 경관은 바로 그 경찰견에게 바울이 옷과 신발 냄새를 맡게 한 후 경관은 개를 데리고 교회주변을 돌기 시작했다. 동서남북으로 계속 방향을 바꿔가며 냄새를 맡게 시키더니 30분쯤 지나 돌아와서 엄마를 불렀다.

"저기 보이시죠. 바로 저 버스 정류장에서 바울이가 사라졌습니다."

"네? 그걸 어떻게 알죠?"

"이 녀석 코가 보통 코가 아닙니다"라고 말하면서 경찰견의 등을 쓰다듬어 주었다.

바울이 냄새가 바로 그 자리에서 끊어졌다는 것이다. 경찰들은 바울이가 버스를 타고 어디론가 갔다고 추측했다. 경찰들이 모여서 무언가 의논을 하더니 다시 무전기를 들고 사방에 도움을 요청했다.

전도사님은 울먹이기 시작했다. 얼굴은 백지장처럼 새하얘졌다. 울먹이는 전도사님 입에서는 연방 "하나님, 우리 바울이 어디 있나요? 우리 바울이 찾게 해주세요. 우리 바울이 없으면 난 못살아요."

교회 문 앞을 왔다 갔다 하며 정신없이 중얼거렸다. 나도 하늘이 노랗게 보였다. 바울이는 도대체 어딜 갔을까? 로스앤젤레스의 거리. 생각만 해도 끔찍하다. 살인과 납치가 일상생활이 된 곳. 어느새 모든 경찰차가 사라졌다. 다행히 경관 한 명이 남아있었다.

전도사님은 얼른 경관에게 다가가 애걸을 했다. "제발, 제발, 우리 아들을 좀 찾아 주세요." "어머니, 걱정하지 마십시오, 아들을 반드시 찾을 겁니다. 아들을 찾을 때까지 제가 여기서 어머니와 함께 있을 겁니다. 그리고 지금 로스앤젤레스 전역에 수배령을 내려놓았습니다. 또한, 모든 버스 운전사들에게 바울이의 인상착의를 말해 놓았기 때문에 곧 연락이 올 겁니다."

이 말을 마치자마자 머리 위에서 경찰 헬리콥터가 뚜뚜 뚜뚜 소리를 내며 공중에서 우리 주변을 맴돌기 시작했다. 우리가 서 있는 자리를 중심으로 모든 거리를 공중에서 수색하기 시작한 것이다. 그렇게 얼마간 수색을 하더니 헬기에서 아무래도 근처에서는 찾을 수 없을 것 같다고 판단을 했는지 헬기는 이내 사라져 버렸다.

이제 바울이가 사라진 지 한 시간 반이 지났다. 내 속은 타올라 매스꺼워지기 시작했다. 물을 마셔도 창자가 뒤틀려왔다. "하나님, 바울이를 찾게 해주세요." 기도하는 수밖에.

두 시간이 지났다. 감사하게도 남아있던 경관이 전도사님을 계속 위로했다. 그리고 기도 부탁을 하는 것이었다.

"어머니, 기도 계속하세요. 사실 장애아라고 하니까 이렇게 많은 경찰 인력이 지금 투입된 것입니다. 아마 경찰차 10대 이상은 바울이를 찾고 있을 거고요. 그리고 모든 버스 운전사들에게도 말해 놓았으니 찾게 될 겁니다. 그러나 만약 오늘 찾지 못하면 어려울 수가 있어요. 워낙 로스앤젤레스에 강력사건이 많으니까 오늘 지나면 또 다른 사건에 매달려야 하거든요."

이제 오늘이 지나면 미제사건이 될지도 모른다는 생각이 들자 온몸에 소름이 끼쳤다. 전도사님은 소리를 내며 울기 시작했다. 그것은 절규였다. "우리 바울이 꼭 찾아주세요. 제발, 제발."

곁에 있던 경관의 무전기가 갑자기 요란한 소리를 내뱉었다. 바울이를 찾았다는 것이다.

우린 일제히 "하나님, 감사합니다!" 만세를 불렀다.

"어디서 찾았대요?" 전도사님이 경관에게 물었다.

"롱비치라는데요."

"롱비치요? 말도 안 돼. 여기서 한 시간도 더 떨어진 곳인데. 어떻게 거기까지…."

그렇다. 로스앤젤레스 한인타운에서 롱비치까지 버스를 타면 두 시간이 걸린다. 그러니까 바울이가 사라진 지 두 시간이 되었으니까 롱비치까지 버스 타고 간 것이다. 그런데 롱비치를 어떻게 갔을까? 물어보니 교회 앞에서 가는 버스는 롱비치까지 직접 가는 게 없다고 했다. 이봐라 그럼 갈아탔다는 말인데. 버스 값도 낼 줄 모르는 아이가 버스를 갈아타고 롱비치까지 갔다는 게 믿어지지가 않았다. 바울이는 혼자서 버스를 타 본 일도 없었다. 엄마하고 버스를 탄 일도 없었다. 언제나 자동차로 이동하니까.

바울이를 어떻게 찾았을까 궁금했다. 경관이 무선으로 들은 대로 이야기를 해 주었다.

어느 버스 운전사가 무선 연락을 받고 생각하니 바울이 같은 아이가 탔었다는 것이다. 마침 토요일인지라 승객들이 아주 많지 않았기 때문에 바울이가 타고 내린 곳을 어렴풋이 기억할 수 있었다는 것이다. 그래서 내린 곳을 말해주었다고 했다. 그래서 그 내린 장소를 중심으로 다니는 노선버스 운전사들에게 집중적으로 물었다고 했다. 다행히 한 운전사가 비슷한 아이가 어디서 내린 것 같다는 단서를 제공했다. 사실 미국에서는 워낙 많은 장애인이 자유롭게 대중교통을 이용하기 때문에 그리고 장애인이라고 해서 특별히 관심을 두고 바라보지도 않기 때문에 장애인이 버스를 타고 내린 것에 대해 인상 깊게 기억한다는 것이 쉬운 것도 아니다.

다행히 바울이는 종점에서 내려 롱비치 거리를 걷고 있었다고 한다.

바울이가 롱비치에서 돌아오기까지 또 한 시간이 걸렸다. 그렇게 잃어버린 지 4시간 만에 바울이는 경찰차를 타고 교회로 돌아왔다. 눈물을 글썽거리며 감격해 하는 엄마는 경찰차로 달려갔다. 바울이가 경찰차에서 내려 두 손을 번쩍 들고 V자를 그리며 "Yes, yes, I made it."하고 함박웃음을 웃으며 그렇게 외쳤다.

자신이 길을 잃고 돌아온 감격을 저렇게 표한 것일까?

천만에, 아니다. 돌아오는 내내 바울이는 경찰차 안에서 경찰 아저씨와 시시덕거리며 흥분을 감추지 못했다고 했다. 바울이는 경찰을 좋아한다. 군인을 좋아한다. 소방수를 좋아한다. 제복 입은 사람들은 다 좋아한다. 더 정확하게 말하자면 제복과 배지 그 자체를 좋아한다. 바울이 집에 가면 옷장에 각종 제복으로 가득 차 있다. 경찰복, 군복 그것도 해군복, 육군복, 공군복, 거기에다 동복, 하복, 심지어는 반바지 예비군복까지. 옷에 붙는 각종 배지는 기본이다. 모자도 소방수 모자를 비롯한 심지어는 이번에 베트남에 갔을 때 산 베트콩 모자까지 있다.

바울이가 좋아한다고 사람들이 생일 선물로 하나씩 사 준 것들이다.

바울이는 매일 아침 제복을 입고 학교 가기를 좋아한다. 그냥 두면 교회도 군복을 입고 갈 판이다. 그런데 주일날은 양복을 입고 가는 것이라고 가르쳤더니 주일날이면 어김없이 양복을 쭉 빼고 나온다.

경찰차 타보는 게 꿈이었던 바울이가 그 경찰차를 타고 제복을 입은 경찰과 장시간 독대를 하고 놀았으니 바울이는 꿈만 같은 시간을 보내고 온 것이다. 놀래서 잔뜩 긴장하고 속으로 기도만 하고 있었던 우리 온 스태프들과 엄마는 두 손을 번쩍 들고 환호를 하는 바울이를 보자마자 그만 박장대소하고 말았다. 온몸에 기운이 싹 빠져나갔다. 걱정과 원망도 함께.

바울이 엄마, 김진희 전도사

미국에서 더 공부해서 돌아와 신학교 강단에 서는 것이 꿈이었던 남편, 김문찬 목사를 따라 미국 땅을 밟은 건 1982년 7월. 잠시 공부하고 돌아오겠다며 홀로 유학길에 오르려는 남편의 바짓가랑이를 붙들고 같이 가야 한다고 생후 겨우 8개월 된 아들 다윗을 안고 비행길에 올랐었다. 그리고 3년 후 둘째 아들 바울이를 낳았다.

한국 모신학교에 갓 입학한 김 전도사를 첫날부터 낚아챈 사람. 몇 년 선배였던 남편은 그날부터 아예 매일 붙어 다니며 남편행세를 했다. 그런 그가 야속하게도 두 아들을 남긴 채 먼저 하늘나라로 이주해 버렸다. 그를 아는 모든 사람은 너무 똑똑한 사람을 일찍 잃었다고 아쉬워한다. 그런 그가 다운신드롬 장애아인 둘째 아들 바울이를 엄마 품에 홀로 남겨둔 채 먼저 가버린 것이었다. 바울이를 낳고 많이 울었던 남편. 암세포가 타들어가 몸이 말라가면서도 바울이 걱정에 밤잠을 설쳤던 그였다. 그때 바울이 엄마 나이 겨우 33살. 결혼 6년차 되던 해. 이때부터 낯설기만 한 청상과부라는 이름을 들어야 했다.

남편을 잃고 몇 년 동안 정말 넋이 나간 여자가 되어 자기 집을 잃어버린 때가 한두 번이 아니었다. 그러나 한없이 그럴 수만은 없는 것. 그녀는 겨우 세 살 박이 바울이가 있지 않은가?

하나님도 가만히 있지는 않으셨다. 그저 사모로 조용히 살아왔던 삶에서 전도사의 삶으로 사역자의 삶으로 부르신 것이다. 한국에서 신학교를 졸업했기 때문에 바로 전도사 사역을 시작할 수 있었다. 1995년 토랜스제일장로교회에서 전도사로 부르심은 전도사님을 장애전문 사역자로 만드시기 위한 하나님의 손길이었다. 유년부를 담당하고 있었던 전도사님은 아무래도 바울이가 신경이 쓰였다. 또래 아이들과 어울리지도 못하고 예배를 따라 드리지도 못하는 바울이. 그러나 바울이는 엄마 곁에 있기를 좋아해서 엄마가 교회에 있는 시간에 졸졸 따라다니기만 했다.

이렇게 몇 년이 지나자 장애 아이들을 위한 예배를 만드는 게 어떨까 하는 생각이 들었다. 마침 교회에 장애아를 둔 부모를 몇 명 만나 이야기를 나누던 중 그럴 필요성이 있다는 것을 동감했기 때문이었다. 그렇게 해서 두세 명의 장애 아이들과 함께 따로 예배를 드리기 시작했다. 아예 장애부서를 '소망부' 라고 이름 짓고 장애사역자로 나섰다. 10년 동안 장애 아이들이 100명으로 늘어났고 교사와 봉사자가 200여 명, 주일이면 300명 가까이 북적이는 큰 부서로 발전시켰다.

내가 조이장애선교센터를 시작하면서 동역을 요청하자 흔쾌히 믿음으로 받아들여 주었다. 그때 우리의 대화를 잊지 못한다.

"전도사님, 하나님이 전도사님을 원하십니다. 저와 함께 동역 합시다. 단 대우는 제가 아무 대책도 없어서 한 푼도 못 드립니다. 그렇지만, 우리 아버지가 가만두시지는 않을 겁니다." 정말 아무 대책도 없으면서 큰소리를 쳤다.

전도사님은 빙그레 웃기만 하더니 "일주일만 시간을 주시죠."

정확하게 일주일 후에 전화가 왔다.

"조이센터 새해 계획에 우리 친구들을 위해 무엇을 했으면 좋을까요?"

"네? 할렐루야! 동역을 허락하시는 겁니까? 감사합니다." 이렇게 해서 동역은 시작되었다.

나중에 물었다.

"어떻게 어려운 결정을 선뜻하셨나요?"

"그동안 얼마나 기도했는데요. 장애사역을 혼자 고군분투했거든요. 사실 장애에 관련된 행사라면 안 가본 데 없고 좋은 시설들을 방문하지 않은 곳이 없을 정도로 열심히 뛰어다녔어요. 그런데 나를 안내해 줄 멘토가 없었어요. '하나님, 동역자가 필요해요' 하고 매일 기도했거든요. 그런데 그 동역자가 나타났으니 오래 생각할 필요도 사실 없었어요. 기도의 응답이었으니까요. 게다가 목사님께서 조이센터 10년

계획이라고 쓰인 작은 팸플릿을 보여줄 때 저는 솔직히 온몸에 소름
이 끼치더라고요. 제가 고민하며 하고 싶었던 기도제목이 그대로 거
기에 그려져 있는 거예요."

이렇게 해서 김진희 전도사님은 조이센터가 발족한 이듬해인 2002
년 조이센터에 합류했다.

쏟아지는 별빛 아래 소똥 집에서

2002년 7월 1일. 케냐로 장애선교의 첫발을 내디뎠다. 처음부터 장
애선교를 목표로 하고 시작한 조이장애선교센터. 마침내 첫 번째 장
애사역 단기선교로 백하나, 옥은경, 이형진, 김진희 4명을 8주에 거친
단기선교 훈련을 끝내고 나서 케냐로 파송하였다. 난 너무나 감격해
눈물이 나올 지경이었다. 내 마음은 이미 케냐에 가 있었지만 나는 이
들과 동행할 수 없었다. 이때만 해도 난 외국여행은 꿈도 꾸지 못할 건
강상태였기 때문이었다.

'그래, 하나님이 차라리 나 없이 우리 장애선교의 첫발을 내딛게 하
셨으니 잘된 것 같다. 나 없이도 하나님이 이 일을 책임지신다는 뜻일
테니까.' 이렇게 생각하니까 오히려 감사하는 마음이 생겼다. 이들을
공항에서 작별하며 간절하게 축복기도를 해주었다.

다음의 간략한 케냐 장애선교 여행기는 선교단을 이끌었던 김진희
전도사가 쓴 선교보고서에서 발췌하였다.

김 목사님께서 축복기도를 하시고 나서 우리가 보이지 않을 때까지 웃으면서 손을 흔들어 주셨다. 얼마나 속상하실까? 그토록 원하시는 장애선교의 첫발에 동참하실 수 없으니 말이다. 하나님께서 목사님에게 건강을 주셔야 할 텐데. 우리가 임무를 잘 수행할 수 있기 위해 두바이 공항을 거쳐 케냐 나이로비에 도착할 때까지 비행기 안에서 내내 간절히 기도했다. 기도를 더 간절히 하게 된 것은 사실 에미리트 항공기 안에 탄 대부분의 무슬림 승객들 때문이었으니 아이러니다. 그들은 정해진 시간만 되면 비행기 안에서도 자세를 가다듬고 기도하는 것이었다. 나이로비로 가려고 비행기를 갈아탄 두바이 공항에서도 마찬가지였다. 기도하여야 하겠다는 비장함이 생긴 것이다.

짧은 기간 우리가 케냐에서 할 수 있는 일이 과연 무엇이 있을까? 김 목사님께서 주신 몇 가지 미션을 항상 염두에 두고 하나님께서 인도하실 것을 믿었다.

과연 하나님은 첫날부터 우리에게 하나님이 준비해 놓으신 사람을 만나게 하셨다. 이번 선교팀은 미국의 단기선교 전문팀인 'SON Ministry'의 단기선교팀과 함께 하면서 케냐에서 선교사로 사역하셨던 SON의 대표이신 김정한 선교사님의 전적인 도움을 받기로 했다. 한인선교사들의 도움으로 아담하게 지어진 학교 방문에서 김정한 선교사님은 그 학교에서 교장과 교감으로 봉직한 데이비드David와 죠지George를 만나자마자 자신이 케냐 선교사로 있을 때 전도한 사랑하는 제자라면서 얼싸안고 재회의 기쁨을 나누었다. 한 선교사가 뿌린 피와 땀이 맺은 사역의 열매를 보는 기쁨이 매우 컸다.

특히 죠지와 이야기를 하는 중에 자신은 현재 2년째 목회를 하고 있지만, 장애사역에 대한 강한 비전을 하나님으로부터 받았다고 했다. 이 말을 듣고 매우 반갑기도 하고 깜짝 놀랐다. 이전에 아무에게도 이 꿈을 말한 적이 없었다고 한다. 하나님의 인도 하심이 분명했다.

앞으로 자신의 꿈은 신학공부와 특수교육을 정식으로 한 후 까야도Kajiado 지역에 발달장애인을 위한 센터를 세워 이들을 돌보며 사는 것이라고 하였다. 아, 우리의 비전과 정확히 일치했다. 김 목사님께서 이런 사람을 찾아보라고 한 것이 첫 번째 미션이었으니 첫발부터 첫 번째 미션을 달성한 것이다. 사실 이토록 먼 곳에 자주 올 수도 없는 우리가 무슨 일을 할 수 있겠는가? 건물 하나 지어주고 온다 한들 무슨 큰 영향력이 있겠는가? 몇 사람으로부터 확인한 결과 죠지는 공부만 시켜주면 장애사역에 확실하게 헌신할 틀림없는 사람이라고 말해주었다. "케냐의 장애인을 위해 일할 자국민을 주시옵소서"라고 기도하지 않았던가?

죠지에게 특수교육을 공부할 기회를 만들어 주기로 했다. 이후 4년 동안 조이선교회는 죠지가 공부하는 동안 학비를 제공했으며 죠지는 지금 ○○지역 특수학교에서 장애인을 가르치고 있다. 계속해서 센터 건립을 위한 꿈을 향하여 차근차근 준비하고 있다.

까야도 이 지역에는 또 신체장애인을 위한 아메리칸 인디언 센터 American Indian Center가 있어서 이곳을 방문하였다. 목발과 클러치를 한 아이들의 다리를 보니 살짝만 건드려도 곧 부러질 것 같은 마치 새다리와 같이 가늘었다. 영양이 형편없이 부족한데다 제대로 치료 한번 받지 못한 결과라고 생각되었다. 아이들과 악수를 하다 보니 손가락이 두 개밖에 없는 아이들이 여럿 있었다. 발가락도 마찬가지였다.

이곳에서 만난 아이들은 어른 앞에 서면 고개를 약간 숙여 '소바' 하면서 손을 얹고 축복해 주기를 기다린다. 그 모습이 너무나 귀엽고 사랑스러웠다. 우리 팀원 중 한 사람은 잘못 알아듣고 계속 '소다 소다' 청량 음료수 하는 바람에 모두를 웃게 하였다.

우리가 이야기하는 동안 내내 멀리 뒤편에 서서 우리를 응시하는 따가운 시선을 느껴 가까이 다가가 보니 그 사람은 머리에서 발끝까지 온몸이 숯등걸처럼 타 있었다. 전신 화상으로 생명이 살아 있는 것이 신기할 정도로 심한 상태였다. 이 지역에 사는 대부분의 사람이 소똥으로 만든 집이들은 보마라고 부른다에서 살고 있다. 겨울밤에는 제법 추워서 따뜻하게 할 목적과 또 요리를 하려고 좁디좁은 집안에서 장작으로 불을 피우는데 환기가 잘 안 되어 연기가 자욱할뿐더러 어린아이가 걸어가다가 그 불 위로 넘어져 화상을 입는 일이 비일비재하다고 했다.

아메리칸 인디언 센터의 책임자인 다니엘Daniel이라는 사람과 만나 센터에 대한 설명과 함께 시설을 돌아보고 여러 가지 이야기를 전해 들었다.

다니엘 자신도 어렸을 때 소아마비를 앓아 목발을 짚고 다니는 장애인이었다. 가족 중에 믿는 사람이 한 명도 없었을 때인 14세 때 자신이 제일 먼저 예수님을 개인의 구주로 받아들였고 그 후 자신을 시작으로 전 가족이 예수님을 믿게 되었다고 한다. 케냐는 일부다처제이기 때문에 자신의 아버지도 부인을 5명이나 두었고 그 때문에 형제들이 25명이나 되는데 자신은 장애가 있었다는 이유 하나만으로 그야말로 사람 취급도 받지 못한 채 천덕꾸러기로 자랄 수밖에 없었다고 한다. 다른 자녀가 학교에 다닐 때도 자신은 언제나 집에 남아 있어야 했고 형제들이 소떼를 치러 갈 때도 함께 갈 수 없는 형편이었다. 예수님을 믿고 난 후 열심히 노력해서 지금은 사회적으로 인정받는 사람이 되었고 이제는 가족들이 모든 중대한 최종 결정을 내릴 때는 항상 자신에게 맡기는 위치에 서게 되었다고 했다.

우리 팀은 특별한 경험을 하기로 했다. 케냐 사람들의 집에서 자기로 했다. 즉 소똥으로 만든 보마에서 원주민들과 함께 자는 것이다. 민박할 집에 도착하니 집주인이신 부부가 우리를 반갑게 맞아 소똥집 안으로 안내했다. 집안에는 송아지와 닭과 여러 종류의 동물들이 함께 살고 있었다. 고개를 낮게 숙여야만 들어갈 수 있는 방에 들어가니 안에는 이미 연기가 자욱해 기침이 나오고 숨을 제대로 쉴 수가 없었다. 혹 실례가 될까 봐 꾹 참았다. 집주인인 남자는 우리를 앉혀놓고 혼자서 한쪽에 비스듬히 누어 한 손으로 음식을 맛있게 먹었다. 만약 음식을 권했더라도 우리가 곤란했겠지만, 자기 집에 온 손님은 전혀 아랑곳하지 않고 혼자만 열심히 먹는 모습이 도무지 이해가 되지 않았다.

우리에게 잠 잘 자리라며 소가죽으로 만든 장판을 깔아 주었는데 그 위로 이름을 알 수 없는 각종 벌레가 기어가는 것이 보였다. 우리 팀들은 약속이나 한 듯이 거의 무의식적으로 정신없이 스프레이를 뿌려대기 시작했다. 이 모습을 지켜보던 부인이 우리가 하는 행동이 재미있고 우스웠던지 옆으로 다가와 소가죽을 살짝 들쳐 보였다. 으악, 비명이 저절로 나왔다. 바퀴벌레를 포함해서 수를 셀 수도 없이 많은 벌레가 굼틀거렸다. 또다시 정신없이 스프레이를 뿌려댔다. 스프레이가 약한 건지 이곳 벌레들이 센 건지 도무지 꿈쩍도 안 하는 것 같았다.

연기가 자욱하고 희미하게 켜놓은 등불 아래서 몸짓으로 이런저런 이야기를 흥미롭게 나누고 있었는데 어떤 부인이 들어와서 손짓으로 우리를 밖으로 나오라고 했다. 모두 따라 나가보니 같은 울타리 안에 있는 다른 집으로 우리를 안내했다. 조금 전 집보다는 훨씬 큰 소똥집이었다. 물론 그 안에도 연기가 자욱했지만 넓어서인지 숨을 쉬기가 훨씬 편했다. 이야기를 들어 보니 이 남자에게는 부인이 다섯 명 있는데 오늘은 남편이 둘째 부인 집에서 자는 날이라고 했다. 우리를 불러낸 부인은 아이들이 6명 있는 첫째 부인이었고 차를 대접하며 자기 아이들을 소개해주고 싶어 우리를 자기 집으로 초청했노라고 말했다.

한울타리 안에 부인 수만큼 집을 지어놓고 부인들끼리 마치 친자매처럼 서로 돕고 살아가는 이들의 생활을 보며 처음에는 이해가 되지 않았지만, 그들이 가진 독특한 문화의 배경을 듣고 보니 이해할 만도 했다. 이 마을 마사이 사람들은 소똥집을 짓는 일부터 물을 긷는 일까지 모든 집안일은 부인들이 나눠서 하고 남자들은 아무 일도 하지 않고 먹고 놀기만 한다고 했다. 아니 이럴 수가.

하지만, 남자의 역할은 생명과 생존에 관련된 것이었기 때문에 절대적이었다. 현재는 많이 달라졌지만, 부족 간에 싸움이 잦았던 때에는 전쟁에 나가 마을과 가족을 지키는 일을 했기 때문이었다. 문제는 싸움도 없는 지금과 같은 평화 시에도 손 하나 까딱하지 않는다니 마사이 여자들이 조금 불쌍해 보였다. 부인들끼리는 시기와 다툼이 없을까? 궁금해서 첫째 부인에게 물어보았다. 첫째 부인은 아무렇지도 않게 "부인마다 맡은 역할이 달라서 사람들이 생각하는 것처럼 서로 시기하고 질투하는 일은 있을 수도 없다"라고 말했다. 그렇게 생각하는 부인들이 신기했다.

자정까지 몸짓으로 이야기를 주고받고 웃고 하다가 마침내 잠을 청했는데 도무지 잠이 오지 않았다. 조금 전부터 등에서 벌레가 기어가는 것이 느껴져 손을 뒤로 해 몇 차례 힘껏 눌러보았지만 별 도움이 되지 않았다. 빨리 새벽이 오기만을 기다리고 있는데 옆에서 조용한 목소리가 들렸다. 우리 팀원인 백 집사님과 은경 자매였다.

"지금 몇 시예요?" 겨우 새벽 2시였다. 아침이 되려면 한참이 남았는데 어쩌지? 안 되겠다 싶어 살짝 밖으로 나가자고 했다. 셋이서 슬리핑 백을 챙겨 살살 기어나갔다. 밖으로 나오니 살 것만 같았다. 셋이

나란히 땅에 누어 하늘을 쳐다보니 빽빽이 뿌려놓은 듯한 별들이 한 꺼번에 금방이라도 땅으로 쏟아져 내릴 것만 같았다. 지금까지 본 밤 하늘의 모습 중 가장 황홀하고 아름다운 모습이었다.

넋이 나간 듯 하늘을 쳐다보았다. 자옥한 별들 사이로 은하수도 보였다. 아주 어렸을 때 시골에서 본 이후 처음 보는 모습이다.

오랫동안 기억에 새기고 싶어 계속 별들을 쳐다보며 아침이 밝아올 때까지 많은 이야기를 서로 나누었다. 날이 밝아 깔고 누었던 슬리핑백을 터니까 벼룩과 이들이 비 오듯 주룩주룩 쏟아져 내렸다.

5부 필리핀 장애인 공동체를 위한 비전

필리핀 장애인 공동체를 위한 꿈

"필리핀요? 왜 또 하필이면 필리핀입니까? 필리핀에 무슨 선교사가 더 필요합니까? 거 선교사님들 선교한답시고 만날 골프만 친다고 하던데요?"

김광래, 김나경 선교사 부부를 필리핀으로 파송하기로 하자 많은 사람이 비슷한 이야기를 하며 부정적인 견해를 나타냈다. 우리가 이들을 필리핀으로 파송한 데는 이유가 있었다. 본 선교회 소속으로 필리핀 맹인선교를 하는 노화진 선교사와 우리 선교부가 운영하는 필리핀 여성맹인의 집 '조이하우스'가 거기 있기도 했지만, 우리가 오랫동안 필리핀 장애선교를 하면서 이곳에 장애인 공동체를 세워야겠다는 비전이 있었기 때문이다.

사실 필리핀은 우리의 이런 비전을 이루는 데 있어서 여러 가지 선교적 이점이 있는 곳이다. 첫째가 우리를 기다리는 장애인 식구들이 많다는 점이다. 물론 세계 어디를 가더라도 장애인들은 많고 모두 도움을 기다리고 있다. 그러나 필리핀은 우리가 장애선교를 하는 지역이고 그 때문에 연결된 장애인 가족들이 많이 있기 때문이다. 즉 사역적 필요성이 우선하는 곳이다. 둘째, 우리 선교부의 장애선교지가 주로 아시아 지역이기 때문에 필리핀에 모범적인 공동체와 지도자 훈련센터를 세워 이곳을 통해 아시아 지역 장애선교의 파이프라인 역할을 하고자 한다. 언어로 국제적인 영어가 통용되는 곳이기 때문에 더욱이 목적에 맞는다고 말할 수 있다. 그리고 한국과 가깝고 왕래가 잦은 곳이기 때문에 한국으로부터 선교적 자원을 많이 활용할 수 있다는 장점이 있다.

그러나 우리가 하려고 하는 장애인 공동체는 좀 색다른 것이다. 그저 장애인들이 함께 기거하는 숙식공동체가 아니다. 사실 우리가 장애인들을 돕는다면 몇 명이나 도울 수 있겠는가? 또 언제까지 얼마만큼이나 그들을 먹여주고 재워줄 수 있을까?

그래서 우리가 추구하는 궁극적 목표는 자립 공동체이다. 그러나 우리가 꿈꾸는 공동체는 장애인들이 걱정 없이 먹고 살게 하는 경제적 자활 공동체가 아니다. 장애인들이 행복해 하는 모습을 세상에 보이고 싶은 공동체. 불행하다고 생각하는 많은 사람이 찾아와 안식을 얻고 위로를 받는 곳. 오히려 이곳에 와서 인생의 새로운 꿈을 꾸는 곳. 그런 곳을 만들고 싶다.

이런 꿈을 꾸고 김광래, 김나경 선교사는 필리핀으로 2010년 3월 7일 파송을 받고 떠났다. 그들의 꿈을 들어보자.

하나님께서 필리핀에 저희를 보내시면서 장애인 공동체를 만드는 비전을 주셨습니다.

물론 많은 시간과 물질과 시행착오를 거쳐야겠지만 장애인들의 손에 의해 세워지고 운영되는 공동체 말입니다. 가난은 정부에서도 해결할 수 없다고 합니다. 필리핀의 현실인 빈민촌 문제는 정부가 그들을 위해 새로운 도시를 만들어 이주를 시도해도 그들이 먹고살 수 없어서 결국 이주를 포기할 수밖에 없는 실정이라고 합니다. 새로운 곳에 가도 그들이 먹고 살 대안을 제공하지 못하기 때문입니다. 게다가 그들에게는 삶의 희망도 의욕도 배우고자 하는 의식도 보이지 않습니다.

집 앞에 웅덩이가 썩어서 모기와 파리떼가 득실거려도 그 웅덩이를 깨끗게 하고자 하는 의식이 없는 것이 그들의 현실입니다. 그럼에도, 하나님께서는 그들의 아픔과 가난을 보시고 그들에게 긍휼을 베푸시길 원하십니다. 그들 중에 있는 고아와 장애인들을 통해 그들의 삶에 희망을 주고 주님의 사랑을 전하길 원하십니다. 우리는 그들에게 예수 그리스도의 구원의 복음을 전하는 머슴이 되길 원합니다.

우리가 이루길 원하는 공동체는 이렇습니다. 우선 우리 선교부의 장애선교 정책인 "House of Joy"를 한 채 한 채 지어나가는 것입니다. 이를 위해서 장애인 가족들이 직접 벽돌도 찍어내고 모래도 채취할 것입니다. 노동이 신성하다는 것을 맛보게 할 것입니다. 그리고 스스로 일하는 법을 배우게 할 것입니다. 최소한의 경비와 인건비로 한 채 한 채 지어 나가다 보면 어느덧 공동체를 이룰 것입니다.

어느 정도 크기의 공동체가 되면 그 안에서 자라나는 꿈나무들을 위해 학교를 세우고 진료소를 만들 생각입니다. 자체 생산되는 제품을 판매할 가게와 영업 센터를 운영해 외부의 자금이 공동체에 필요한 운영 자금이 될 수 있도록 할 예정입니다. 그리고 때가 되면 식당과 각종 가게, 작은 모텔과 공동체를 안내하는 여행사, 운수사업 등 수입원이 될 수 있는 사업까지 운영할 예정입니다.

저는 고아와 장애인들이 만들어가는 이색 관광 도시로까지 발전할 수 있다고 봅니다. 장애인들에 의해 올려지는 연극공연, 장애인들의 작품을 전시할 갤러리, 그들의 아름다운 이야기를 만들어갈 자체방송, 각종 서비스업종 등 그들이 독립하고 자립할 수 있는 요소나 장점을 얼마든지 살린다면 충분히 가능한 상상입니다.

주님께서 말씀하시길 장애인을 통해 하나님의 하시는 일을 나타내고자 하심이라요9:3고 하셨습니다. 얼마만큼의 시간이 걸릴지 모르지만, 제 생전에 어디까지 이룰지 모르지만 이미 좋은 일을 시작하신 우리 주님께서 반드시 현지인 지도자들을 통해 완성하시리라 믿습니다.

이제 저희에게 꿈을 주신 이 땅에 보내셨으니 주님께서 주신 이 비전을 이루기 위해 사람들과 필요한 물질들을 붙여주시고 채워주시리라 믿습니다.

김광래, 김나경 선교사

내가 김광래 선교사를 처음 만난 것은 2004년 그 당시 김 선교사가 신학공부를 하던 미주장로교회신학교 채플에 말씀을 전하러 갔을 때로 거슬러 올라간다. 지금 기억으로는 요한복음 9장 1~3절을 본문으로 "하나님의 하시는 일을 나타내시기 위하여"란 제목으로 하나님께서 장애인을 통해서도 영광을 받으신다는 요지의 말씀을 전한 것 같다. 그리고는 돌아왔는데 한두 달 후에 김 선교사가 만나고 싶다고 해서 사무실에서 만났다.

그는 자신의 꿈이 고아들을 위해 사는 것이라고 했다. 내 설교를 들으면서 그 꿈을 더욱 구체화하였다고 고마워했다. 이날부터 우리 선교부에서 봉사하면서 장애와 고아에 대한 사역 훈련을 받기 시작했다. 김 선교사는 첫 만남을 이렇게 회상했다.

김 목사님께서 채플을 통해 고아나 장애인 등 소외된 자들이 더는 동정의 대상이 아니라 하나님이 하시는 일을 나타내기 위함이라는 요한복음 9장 3절을 들어 말씀하실 때 당시 내가 가지고 있었던 고아와 장애에 대한 생각을 한순간에 바꿔 놓았고 또 성경을 보는 눈도 바꿔 놓았습니다. 2005년 1월 조이장애선교회 사무실을 찾아가 목사님을 뵙고 고아와 장애인들을 위한 사역자로의 첫발을 내디뎠습니다. 그 이후 많은 장애인과의 만남이 시작되었고 목사님을 통해 장애에 대해 많은 이론적인 지식과 장애에 대한 성경적인 바른 이해를 배우게 되었습니다. 시간이 흐를수록 목사님의 성경관이나 장애 사역에 대한 매력에 빠졌고 거기에 사랑의 징검다리 방송사역까지 같이할 수 있었기에 내가 가진 달란트도 사용할 수 있어 사역이 너무 재미있었습니다.

김 선교사는 2000년 애틀랜타에 있는 한 TV방송국의 책임자로 도미했다. 그러나 직업을 핑계로 술과 골프 등 하나님보다 세상 것에 빠져 선데이 크리스천으로 살면서 업무상 과로로 건강을 잃어버리게 되었다. 물론 나중에는 "저를 하나님께서 믿음의 땅 미국으로 인도하시고 또 고난과 육신의 아픔을 통해 하나님의 은혜를 체험하게 하시고 사명자로 부르시기 위해서"라는 하나님의 뜻을 알게 되었지만 정작 순종하기까지는 긴 방황과 불순종의 기간이 있었다. 결국, 하나님의 인도 하심과 도우심으로 2009년 신학교를 졸업하고 그해 8월부터 7개월간의 공동체 선교 훈련을 마치고 2010년 3월 22일 필리핀을 향해 떠났다.

김 선교사는 아내인 김나경 선교사와 한때 떨어져 살아야 했는데 그때 부인은 홀로 유방암 수술을 4번씩이나 받으며 투병생활을 했었다. 그 후 김 선교사가 신학교 공부를 하는 동안 뒷바라지를 하던 부인에게 다시 반대쪽 유방에 종양이 발견되어 수술하게 되었다. 김 선교사는 그때를 돌아보며 아내에게 미안한 마음을 표현했다. 그리고 하나님께 감사했다.

아내를 수술실에 들여보낼 때, 또 수술 후 고통스러워하는 아내를 돌보며 아내를 진심으로 사랑하지 못하고 있던 내 죄를 회개하게 되었다. 마음의 중심을 보시는 하나님께서 내 마음에 사랑이 없음을 아시고 앞으로 선교사로 나가야 할 부름 받은 자의 완악한 마음을 깨트리려고 아내에게 다시 고통을 주셨다고 생각하니 아내에게 미안한 마음과 함께 죄책감마저 들었다. 그 후 아내와 나는 하나님의 음성을 민감하게 들을 수 있는 은혜를 얻게 되었다. 이제 우리 부부는 하나님의 명령이라면 그것이 고난일지라도 순종할 수 있게 된 것이다.

암덩어리도 못 붙잡은 선교의 열정

꿈을 안고 필리핀으로 부임하기 위해 미국을 떠나 한국에 계신 부모님과 친지들에게 인사를 하려고 잠시 들렀다. 그리고 미국에서 보험이 없었던 관계로 몸이 아파도 병원 한번 제대로 갈 수 없었던 터라 선교지로 부임하기 전 한국에서 건강검진을 한번 받고 가라는 주변 사람들의 권유를 받아들여 검진을 받았다. 조직검사 결과 걱정했던 김나경 선교사는 위 속에 있었던 혹이 암이 아니라는 판정을 받았지만 아무 일 없을 것으로 생각했던 김광래 선교사에게 갑상선암이 림프샘까지 퍼졌다는 결과가 나왔다.

이들 부부는 암 진단을 받고 어떤 치료방법을 택해야 할지를 놓고 고민도 많이 하고 주변 사람들의 상담도 많이 받아보았지만, 사람마다 권하는 방법도 제각각이어서 생각에 혼란만 가중되었다. 사랑하는 부모, 형제들 그리고 믿음의 식구들이 저마다 권하는 치료와 기도하는 방법과 때가 가장 성경적이거나 하나님이 원하시는 것이라고 주장하는 바람에 상반된 의견을 가진 사람끼리 시험이 들 정도였다. 수술을 받아야 할까 말아야 할까? 항암치료를 해야 할까? 자연 면역치료 방법을 택할까? 요양원에 갈까 아니면 기도원에 가서 죽으면 죽으리라 하는 각오로 기도로 매달려야 하나? 아니면 모든 것 다 맡기고 선교지로 바로 떠나버릴까? 이들도 한없이 고민이 되었다. 우선 하나님께 기도하는 것이 최선이라 생각하고 기도원에 들어갔다. 이후 두 달간 성모꽃마을에 들어가 요양을 하면서 하나님께 매달렸다. 수술을 해야 할지 말아야 할지를 두고 많이 고민했지만, 수술을 받지 않기로 했다. 어떤 결정을 내려도 잘못된다면 후회할 일이기 때문에 자신이 내린 결정이 지금으로서는 하나님을 사랑하는 최선의 결정으로 생각하고 하나님이 주시는 은혜에 전적으로 매달리기로 했다. 이들은 "그냥 요행의 마음으로 결정한 것이 아니라 하나님께 기도하며 치유를 간절히 구할 때마다 하나님께서 주신 마음"이라고 했다. 그렇다면, 이들의 결정을 존중하는 것이 좋다고 생각했다.

김 선교사는 담대한 결심의 변을 자신의 선교 홈페이지에 올려놓았다. www.webtour.net

문제는 연명하기 위해 사느냐 아니면 생명 주시는 시간 동안 온 정성을 쏟아 사느냐 하는 것입니다. 수술을 해도 사는 사람이 있고 그럴

지 못한 사람도 있습니다. 수술을 하지 않고 자연면역 방법을 써도 죽는 사람이 있지만 사는 사람들도 있습니다. 결국, 어느 편에 속할지는 전적으로 하나님의 손에 달렸습니다. 저는 수술을 하지 않고 그 시간을 하나님이 주신 사명대로 사는 것이 더 보람된 일이라 생각합니다.

그렇다고 수술을 하지 않고 자연치유 방법을 쓰면 다 죽느냐 하면 그렇지도 않습니다. 병원에서 포기한 많은 사람이 홀로서기를 통해 암을 극복하고 건강하게 사는 사람들도 꽤 있습니다. 그렇다면, 현대의학이 포기한 사람들이 하나님이 주신 자연면역력으로 살아났다면 어느 쪽을 더 신뢰할 수 있을까요?

환자 자신이 살겠다는 의지와 노력 그리고 창조주이신 하나님께서 주시는 마음의 평강과 기쁨 그리고 긍휼의 은혜를 누리고 사느냐 하는 것이 중요하다고 생각합니다.

이들 부부는 2010년 9월 우리 선교팀과 합류하여 중국, 캄보디아, 베트남을 도는 3주간의 선교여행을 잘 마치고 10월 30일 마침내 필리핀으로 들어갔다. 이 말씀을 붙든 채.

"내 은혜가 네게 족하도다 이는 내 능력이 약한 데서 온전하여짐이라 하신지라 그러므로 도리어 크게 기뻐함으로 나의 여러 약한 것들에 대하여 자랑하리니 이는 그리스도의 능력이 내게 머물게 하려 함이라" 고후 12:9

결국, 이들 부부에게 달라붙은 암 덩어리들도 이들의 선교 열정을 가로막지 못했다.

노화진 선교사

　노 선교사는 한국 선교계에 아직 해외장애인 선교에 대한 인식이 짧았던 1990년부터 필리핀 시각장애인 선교에 뛰어들었다. 노 선교사의 남편 이태길 선교사는 그 위로 형이 셋 있는데 모두 맹인이다. 이태길 선교사는 시각장애는 아니지만, 눈에 이상이 생겨 눈이 불룩 튀어나오는 병이 계속 진행 중이다. 두 사람이 처음 만난 것은 노 선교사가 한국맹인교회 전도사로 시무할 때인데 이 선교사가 형과 함께 교회를 다니면서 자연스럽게 노 선교사를 만났고 부부의 연까지 맺게 된 것이다.

　이들은 1990년부터 '필리핀맹인선교회'라는 현지법인을 만들어 사역하고 있으며 2005년부터 조이선교회와 동역하고 있다. 현재 이 선교회는 '필리핀 시각장애인의 복음화'를 목표로 '마닐라 · 까랑알란 · 빠딜랴 · 따긱 맹인교회 사역', '따갈록 · 사말 국립형무소교회 사역', '시각장애인 자녀 유치원 사역', '남자 시각장애인 기숙재활교육원 사역', '제자교육 및 신학생 지원사역' 등에 주력해 오고 있으며 본 선교회의 여성맹인의 집 '조이하우스'의 운영을 책임지고 있다.

　이 두 부부의 사역이 더욱 돋보이는 이유는 이들을 파송하고 후원해 온 '한국맹인교회' 때문이다. 장애인교회가 장애전문 선교사를 교회가 자립도 하기 전부터 파송하여 계속 후원하고 있다는 점에서 한국

장애선교의 효시라고 말해도 과언이 아니다. 당시 이 일은 국내 선교계에 전례가 없었던 놀라운 일로 관심을 끌었다.

지금은 노 선교사와 동역을 하는 한 현지인 동역자는 노 선교사가 필리핀에 왔을 당시를 회고하며 "우리는 그동안 시각장애인들에게 복음을 전해줄 누군가가 오기를 기도하며 기다려 왔다"라고 고백을 하며 두 분 선교사가 필리핀 맹인선교에 차지하는 비중을 암시하였다.

필리핀 여성 맹인의 집, 조이하우스 이야기

우리 선교부가 여성맹인의 집 '조이하우스'를 세운 것은 2007년 1월이다. 가톨릭이 세운 맹인의 집은 몇 개 있어도 개신교가 운영하는 맹인의 집이 없다는 노 선교사의 권유에 따라 여성만을 위한 맹인의 집을 세우기로 하고 집을 임대하였다. 허름하긴 하지만 아담한 3층 집을 계약하고 형편없었던 실내를 잘 고쳤더니 아주 깨끗하고 편안한 집으로 변모하였다.

방이 네 개인데 한 방은 여성맹인들을 돌볼 수 있는 사역자 방으로 쓰고 나머지 방 세개에 벙커 침대 두 개씩을 넣어 한 방에 네명이 함께 사는 시설로 꾸몄다.

조이하우스를 시작한다는 소식을 들은 여성맹인들이 줄줄이 찾아왔다. 하는 수 없이 먼저 선별하여 받을 수밖에 다른 도리가 없었다. "곧 2호 집이 생기면 그때 받아 줄게요." 뽑히지 못한 자매들을 설득하느라 진땀을 빼야 했다.

여성들만 살아가는 집이라 그들만의 재미와 애환도 많다. 더구나 모두 시각장애인인 만큼 또 말도 많고 탈도 많다. 그래도 이들은 행복해한다. 한 번도 이렇게 정을 주고받고 살아본 기억이 없기 때문이다.

눈으로 사람을 볼 수는 없어도 느낄 수는 있기에 사람들이 냉대하는 모습에 느끼는 체감온도는 얼음보다 차갑다.

지금 조이하우스에 거하는 여성맹인들은 여러 지방에서 온 자매들이다. 들어오게 된 사연도 갖가지. 또 훈훈한 이야기를 남긴 채 이젠 독립해 나간 자매도 여럿 있다.

조이하우스가 여성 맹인에게 주는 기쁨은 특별하고 각별한 것이다.

첫째, 사랑의 집이다. 둘째 도피성, 셋째 치유의 집이다. 넷째 재활의 집이다. 다섯째 배움의 집이다. 결국, 이름 그대로 기쁨의 집이다.

우선 조이하우스엔 노래가 있다. 식구들이 저녁때면 함께 모여 찬양을 한다. 피아노를 치는 자매도 있고 성악가 뺨치는 자매도 있다. 찬양을 인도하는 자매는 맹인교회 찬양팀 리더가 되었다. 이들에게 노래는 자신들의 하소연이자 그리움의 승화다. 또 이곳에는 쉼이 있다. 그동안 참된 쉼이 없었다. 집으로부터 버림을 당했던 자매도 있고 집에는 있었어도 동물과 같이 그저 갇혀 있기만 했었으니 쉼이라고 할 수도 없었다. 이곳에서 비로소 발 뻗고 잠잘 수 있을 만큼 마음의 안식을 얻는 곳이 되었다. 이곳이 비로소 자신들의 가정이 된 것이다. 비록 남남으로 만난 곳이지만 이곳에 와서 처음으로 서로 활짝 웃기도 하고 알콩달콩 조잘거리다 밤을 지새우며 서로 고민을 터놓고 말할 수 있는 진정한 의미의 '홈 스위트 홈'이 된 것이다.

더욱 놀라운 사실은 이곳에서 처음으로 "사랑한다"라는 말을 하게 되었다는 점이다. 그동안 사랑이란 단어는 그야말로 유행가 가사 속에나 등장하는 남의 노래였지만 처음으로 진정한 사랑을 받고 보니 이제는 자신도 남을 사랑할 줄 아는 사람이 되는 것이다.

빌마(가명)는 마닐라에서 3시간 정도 떨어진 작은 소도시에 사는 22살 된 여자맹인이다. 필리핀에서 맹인이 먹고살 수 있는 유일한 길은 안마를 배우는 길이고 큰 도시로 나가 안마 일자리를 찾는 길이다. 마침 집에서 그리 멀지 않은 곳에 장애재활교육센터가 있어 그곳에서 안마를 배우기로 했다. 집에서 무료한 시간을 보내는 것보다는 그래도 기술을 익혀 놓으면 큰 도시로 나갈 기회를 얻게 될지도 모른다는 생각에 열심히 안마를 배우러 다녔다. 악마는 어느 곳에나 둥지를 트는 것일까? 빌마는 재활센터에서 안마를 가르치는 선생으로부터 성폭행을 당했다. 수치심에 싸여 안마를 그만둘 생각을 했지만, 오히려 집을 떠나 자립할 기회가 된다 싶어 더 열심히 안마 기술 배우는 데 온힘을 다 쏟았다. 그러나 선생의 성폭행은 계속되었고 이를 안 다른 사람들까지 가세해서 이 자매를 성적으로 마음대로 유린하기에 이르렀다. 게다가 작은 도시에서 소문만 나쁘게 나서 더는 이 마을에서 돌아다니기조차 어렵게 되었다. 뒤늦게 이 사실을 안 부모는 통곡의 눈물을 흘렸지만 이미 엎질러진 물. 야수 같은 인간들은 이제 노골적으로 집에까지 찾아와 딸을 내놓으라고 횡포를 부리기까지 했다. 빌마의 엄마는 비장한 결심을 했다. 딸을 마닐라로 보내기로 했다. 하지만, 수중에 돈이 한 푼도 없었다. 정말 찢어지게 가난한 집안이었다.

어느 날 빌마의 엄마는 아침 일찍 딸의 손을 잡고 길거리에 나가 마닐라로 가는 채소 행상 트럭을 무조건 잡아 세우고 애원을 했다.

"우리 딸을 마닐라에 데려다 주세요. 마닐라에 가거든 아무 곳에나 내려주세요. 그다음은 하나님이 도와주실 거예요."

엄마는 펑펑 우는 딸을 반강제적으로 트럭에 밀어 넣고 횡하니 뒤도 돌아보지 않고 총총걸음으로 사라져 버렸다.

엄마의 기도대로 하나님은 빌마의 눈물을 받으셨다. 마닐라로 진입하자 트럭을 몰던 주인이 마침 지나가던 맹인을 발견하고 빌마를 내려주었다. 놀랍게도 그 남자 맹인으로부터 당신 같은 여성맹인을 위한 '조이하우스'가 있다는 소문을 들었다고 말해주었다. 물어물어 드디어 조이하우스에 들어오게 되었다.

빌마는 조이하우스에서 새 삶을 살고 있다. 조이하우스는 빌마와 같은 처지에 있는 많은 여성맹인의 도피성 같은 곳이다.

셋째, 치유의 집 조이하우스 이야기

타티(가명)라는 자매의 부모는 자신들의 딸이 맹인으로 태어난 것이 한이 되었다. 딸의 눈을 뜨게 하려는 것이라면 안 해본 것이 없다. 한 가닥 희망의 줄을 잡을 수만 있다면 자신의 목숨까지 주고 싶었다. 좋다는 약은 다 사먹여 보았고 용하다는 의사는 다 만나보았다. 하늘에서 내려온 신령으로 딸의 눈을 반드시 뜨게 해주겠다는 무당을 찾아 굿도 많이 해보았으나 모두 헛수고였다. 그럼에도, 부모들은 자신들의 소망의 끈을 놓지 않았다. 그래서 붙들면 안 되는 것까지 붙들고 말았다. 마지막 수단으로 딸을 사탄에게 바쳤다. 딸을 사탄에게 바쳐서라도 낫게 하고 싶었다. 자신에게 비록 돌아올 수 없다 하더라도. 그러나 사탄이 어디 눈을 뜨게 하던가. 멀쩡한 눈을 멀게 할지언정.

딸은 악령 때문에 정신마저 혼미해졌다. 그야말로 사탄의 자식이 된 것이었다. 그러나 하나님은 타티를 사랑하셨다. 노화진 선교사를 만나게 하셔서 조이하우스로 인도하신 것이다.

노 선교사님과 조이하우스 식구들은 타티를 위해 매일 기도했다. 특별기도를 선포하고 어둠의 세력과 전쟁을 선포했다. 사탄의 세력도 만만치 않았다. 그러나 빛은 어둠을 몰아내는 법. 3개월여의 영적 전쟁 끝에 어둠의 세력이 손을 들고 떠났다. 악한 영에 조롱당하던 타티는 악령이 떠나자 얼굴에 해맑은 소녀처럼 불그스레한 홍조를 띠었다.

타티의 마음에 어둠이 나가고 빛이 비치자 타티는 삶의 소망이 생겼다. 생명의 빛이 그를 인도했기 때문이다. 이렇게 해서 타티에게 조이하우스는 축복의 장소, 기적의 장소, 기쁨의 집이 되었다.

넷째, 재활의 집 조이하우스 이야기

조이하우스의 또 한 자매 젬마는 결혼 후 중도 실명한 사례다. 남편은 그런 아내와 살 수가 없다고 아내를 버리고 어디론가 사라져 버렸다. 하는 수 없이 젬마는 사랑하는 아이들을 지방에 있는 친척집에 보내고 마닐라에 있는 언니 집에 얹혀살았다. 언니 집이라고 편하겠는가? 모두 살기 어려운 마당에 아무리 피붙이라고는 하지만 실명한 동생을 뒷바라지하기는 결코 쉬운 일이 아니었다. 살림에 도움도 되지 않는 젬마를 이제는 언니네 온 식구가 노골적으로 구박하기 시작했다. 괴로움에 스스로 목숨을 끊을까도 생각했다. 이러던 차에 젬마의 소식을 전해 듣게 된 노 선교사는 젬마를 조이하우스로 데리고 왔다. 우울증에 걸려 한동안 멍하니 하늘만 바라보던 젬마도 조이하우스의 자매들의 찬양소리에 하늘의 빛을 보았다. 인생의 소망을 본 것이다.

일 년 동안 재활교육을 받은 젬마는 언니 집으로 돌아가겠다고 했다. 이제 자신이 도움을 주는 사람으로 살겠다고 했다. 조이하우스에서 받은 하나님의 은혜를 그들에게 나누겠다고 했다. 아니나 다를까? 젬마는 돌아가서 언니 집에서뿐만 아니라 동네에서 환영받는 사람이 되었다.

동네 사람들을 위해 안마를 해주었더니 잘한다고 소문이 났다. 안마만 잘할 뿐 아니라 동네 사람 한 사람 한 사람의 대소사에 관심을 둔 사랑의 사람이 되었다고 동네 모든 사람이 모두 좋아했다. 예전에는 구박받고 천덕구니였던 사람이 이제 쓸모 있는 사람으로 변화된 것이다. 젬마는 안마를 하면서 자기를 변화시키신 하나님을 증거하기 시작했다.

언니네 집 식구들도 젬마에게 오히려 감사하는 마음을 가지게 되었다. 젬마가 생활비를 전담하다시피 재정적으로 도움을 주기 때문이다. 장애인에게 있어서 결국은 재활과 자립이 관건이다.

다섯째, 배움의 집 조이하우스

필리핀 시각장애인의 85% 이상이 무학이라고 한다. 공부를 하고 싶어도 공부를 시켜주는 곳이 그만큼 없기 때문이다. 교육 없이 가난의 고리를 끊을 수는 없는 법이다. 말로 표현하기 미안한 말이지만 필리핀 맹인촌의 생활수준은 정말 동물사육 수준이다.

어떻게 하면 이들을 빛으로 인도할 수 있을까? 물론 하나님의 말씀이지만 교육의 도움이 없이는 하나님의 말씀 깨닫는 것도 한계가 있다. 따라서 조이하우스에 들어오는 자매들을 교육하기로 했다. 비록 나이가 들어 이곳에 들어온 자매들에게도 고등학교를 보내 공부를 시킨다. 고등학교를 졸업했거나 직업교육을 원하는 자매들에게는 직업교육을 받게 한다. 말하자면 늦깎이 공부인 셈이다. 그러나 뒤늦게 학교에 다니면서도 부끄러워하지 않고 가방 메고 학교 가는 걸 그렇게 좋아한다.

이렇게 조이하우스에서 살면서 영적인 재활이 일어나고 공동체 삶

을 통해 재활능력을 함양한다. 그리고 교육을 통해 그리고 직업교육
을 통해 자립의 길을 마련한다.

조이하우스 식구들이 매일 새벽예배와 저녁묵상 그리고 수요예배
와 주일예배에 참석하면서 하나님을 점점 깊이 만나고 있다. 드디어
2010년 4월 부활절 조이하우스 식구들이 단체로 세례를 받는 경사가
일어났다.

이처럼 조이하우스는 기적의 집이요 이름 그대로 기쁨의 집이다.

화니 크로스비

화니 크로스비는 1820년 뉴욕주의 한 작은 농촌마을에서 가난한 농
부의 딸로 태어났다. 갓난아이일 때 고열이 오르고 눈이 감염되는 병
을 앓았을 때 가난한 화니의 부모는 의사를 부를 엄두를 못 내고 동네
에 의사라고 자처하는 돌팔이의 말을 듣고 눈에 해로운 독약을 넣어
서 그만 눈이 멀어졌다. 더욱 불행한 것은 화니가 눈을 먼 몇 달 후 충
격으로 아버지가 돌아가신 것이다. 할 수 없이 화니의 엄마는 돈을 벌
려고 화니를 할머니의 손에 맡겼다. 그런데 화니의 외할머니 유니스
는 믿음의 사람이었다. 성경의 인물 디모데의 외조모 유니게 같은 믿
음이 돈독한 분이었을 뿐 아니라 교육에 뚜렷한 신념과 의지를 갖추

신 분이었다. 유니스는 화니가 평생 남을 의지해서 살아서는 안 된다고 생각했다. 눈은 멀었어도 마음마저 멀게 할 수는 없었다. 화니에게 혹독한 훈련이 될지는 몰라도 화니의 장래를 위해서 할머니 유니스는 화니를 모질게 다루었다. 그러나 눈물과 사랑이 담겨 있었기에 화니는 기꺼이 할머니의 가르침대로 사물을 익히기 시작했다. 할머니는 화니에게 성경을 외우도록 가르쳤다. 성경은 지식과 지혜의 근본이기 때문이었다. 유니스는 화니가 성경 전권을 다 외우도록 피나는 훈련을 시켰다. 이런 성경암송 덕분에 화니는 믿음뿐만 아니라 언어능력과 사고능력이 특출하게 발달하게 되었다. 화니가 8살 때 그녀가 첫 시를 썼는데 내용이 그렇게 밝을 수가 없다. "비록 나는 볼 수가 없어도 나는 얼마나 행복한 아이인가! 나는 이 세상을 살아갈 때 만족하며 살 거야. 다른 사람이 받지 못한 축복을 내가 받은 게 얼마나 많은가! 보이지 않는다고 해서 울지 않을래. 한숨 쉬지 않을래." 화니가 중고등학교에 다닐 때는 점자가 아직 고안되지 않았을 때였다. 그래서 모든 공부는 강의를 듣고 암기하거나 누가 책을 읽어주면 암기하는 수밖에 없었지만 화니는 열심히 노력했다. 화니는 특히 음악에 특별한 소질을 나타냈다. 피아노, 기타, 오르간뿐만 아니라 하프는 미국에서 가장 잘 연주하는 사람 가운데 꼽힐 정도였다.

화니가 44세 때 유명한 성가작곡가의 권유를 받고 처음 찬송가 작사를 시작한 것이 그 후 9천 곡의 찬송가를 작시하게 된 계기가 되었다. 화니가 지은 찬송가 중에서 지금까지 애창되는 곡이 수도 없이 많고 요즘 부르는 한국찬송가에도 수십 곡이 수록되어 있다. "예수 나를 위하여", "예수로 나의 구주삼고", "주가 맡긴 모든 역사", "저 죽어가는 자 다 구원하고", "후일에 생명 그칠 때", "예수께로 가면", "자비한 주께서 부르시네", "주께로 한 걸음씩" 등 무수히 많다. 화니의 초창기 작품 "인애하신 구세주여 내 말 들으사"는 불멸의 작품이 되어 오늘도 우리의 심금을 울리는 찬송가로 널리 불리고 있다. 화니는 찬송가만이 아니라 자연을 주로 노래한 일반 시를 6천 작품쯤을 남겼다. 그러나 화니의 마음은 오로지 하나님을 찬양하는 일에 몰두하였다. 하나님의 아름다운 자연과 그의 솜씨를 눈으로 똑똑히 보고도 찬양할 줄 모르는 사람들에게 화니의 눈감고 마음으로 그려내는 하나님의 세계는 더욱 선명하고 맑게 빛나고 있다. 화니는 장수의 축복도 누렸다.

화니의 95세의 삶은 그야말로 하나님이 축복하신 의도였음이 분명하다. 화니가 남긴 말 중 가장 마음에 깊이 새겨지는 말은 화니와 어느 부흥사 목사님과의 대화에서 나온 화니의 대답이다. 어느 부흥사 목사님이 자기 집회 예배 중에 특송을 한 화니에게 예배 후 감사의 말을 전하며 이렇게 말을 했다. "정말로 아름다운 찬송이에요. 감동적이에요. 눈을 감고도 이렇게 멋지게 하나님의 찬양사역을 하는데 눈을 뜬다면 얼마나 더 큰 일을 할 수 있을까요. 하나님께 눈을 뜨게 해 달라고 기도하지 않겠어요?" 이렇게 제의하는 목사님에게 화니는 이렇게 대답을 했다. "목사님 저는 지금 눈을 뜨고 싶지 않아요. 내가 눈을 뜨고 싶은 날은 따로 있어요. 눈을 처음 뜨는 그날 내가 처음 눈으로 보고 싶은 분이 있기 때문이지요. 그분이 바로 예수님이랍니다." 화니는 정말로 마음이 맑은 사람이었다. 예수님 이외는 보고 싶지 않고 예수님 외에는 의지하고 싶지 않고 예수님 외에는 눈길을 주고 싶지 않은 여인. 그렇다면, 화니는 눈은 멀었으나 눈을 뜬 우리보다 더 많이 그리고 더 멀리 본 여인임은 틀림없다.

오늘의 헬렌 켈러를 키우는 마음으로

영화 쉰들러 리스트의 주인공 쉰들러씨가 나중에 "그때 내가 한 명이라도 더 살릴 수 있었는데….”라고 눈물을 글썽이며 자신을 심히 자책한 일이 있다.

장애선교를 하러 여러 나라를 다닐 때마다 마음이 아픈 것은 도움을 요청하는 장애인들은 너무 많고 도와줄 수 있는 내 그릇은 간장종지만큼이나 작기 때문이다. 언제나 한 명이라도 더 도와줄 수 있으면 얼마나 좋겠는가 하는 마음뿐.

그러나,

"가난한 자들은 항상 너희와 함께 있거니와"^{마25:40}의 예수님의 말씀을 들먹이며 스스로 변명한다.

그렇다면, 나는 어떤 마음으로 장애선교를 해야 할까? 이런 고민을 항상 하고 산다. 그러다가 내린 결론이 있다.

"오늘의 헬렌 켈러를 키우는 심정으로 씨를 뿌리자."

어떻게 내가 전 세계 장애인의 복지를 책임질 수 있겠는가? 게다가 그들의 구원을 책임질 수 있겠는가? 도움을 요청하는 모든 사람의 손에 빵을 하나라도 쥐어 줄 수 있겠는가? 나도 못하고 나라도 못하고 유엔도 못하는 일이다.

그렇다면, 나는 무엇을 해야 할까?

헬렌 켈러 자서전을 읽다가 해답을 발견했다. 많은 사람이 헬렌 켈러 이야기를 할 때 그를 가르친 설리번 선생님을 말한다. 사실 설리번 선생님을 빼놓고 헬렌 켈러를 말할 수 없다. 하지만, 헬렌 켈러가 오늘과 같은 영향을 주게 된 것은 결코 설리번 선생님 혼자 할 수 있었던 일이 아니었다.

헬렌 켈러에게는 벨과 같은 후견자가 있었다. 벨은 우리가 아는 대로 전화기를 발명한 사람이다. 이런 재력 있는 사람이 헬렌 켈러의 후견자가 되어 교육과 순회강연에 필요한 재정을 지원해 주었기 때문에 헬렌 켈러는 자신의 모든 잠재력을 최대화할 수 있었던 것이다.

내가 발견했다고 하는 결론은 바로 이런 것이다.

살아생전 헬렌 켈러가 세상에 끼친 영향력은 가히 다른 장애인 전체가 힘을 합해도 할 수 없는 일을 했다고 해도 과언이 아니다. 그뿐만 아니라 장애인을 위해서도 법을 제정한다든지 점자를 고안한다든지 하는 획기적인 일을 하였다.

이제 목표는 분명해졌다.

가능한 많은 장애인을 돌보는 것도 중요한 일이지만 더 중요한 것은 한 사람의 장애인이라도 큰 영향력을 끼칠 사람으로 만드는 것이다.

그래서 나는 장애선교를 하는 나라들을 위해서 이렇게 기도한다.

"하나님 오늘의 헬렌 켈러를 붙여 주시옵소서."

그렇다. 솔직히 우리가 어떻게 특정 장애인을 헬렌 켈러와 같은 인물로 만들 수 있겠는가? 하나님이 그런 인물을 붙여 주셔야 가능한 것이다.

그리고 난 또 이렇게 기도한다.

"하나님 오늘의 설리번 선생님을 주시옵소서."

아무리 잠재력이 있는 장애인도 좋은 선생님을 만나지 못하면 결코 세상에서 빛을 볼 수 없기 때문이다. 설리번 선생님과 같은 좋은 동역자를 달라고 오늘도 기도한다. 그리고 나 스스로 설리번 선생님과 같이 되어보려고 발버둥을 친다. 그러면 그럴수록 어림 반 푼도 없는 일임을 자각한다. 그러니까 "하나님 오늘의 설리번 선생님을 보내주옵소서" 더욱 간절히 기도할 수밖에.

난 또 이렇게 기도한다.

"하나님 오늘의 벨을 주시옵소서."

벨 같은 좋은 후견자가 없었다면 헬렌 켈러의 영향력은 미미했을 것이다. 선교를 하는 분마다 이구동성으로 "선교도 돈입니다"라고 결론 내린다. 돈으로 선교하겠다는 말은 아니다. 돈이 없어 선교를 못한다는 말도 아니다. 후원자 없는 선교는 불가능하다는 말이다.

장애선교는 특히 돈이 많이 든다. 그러나 헬렌 켈러 같은 장애인 한 명이 끼친 영향력은 그 누구보다 크다. 따라서 장애선교에 투자하는 일은 결코 낭비가 아니다.

"하나님, 이렇게 생각하는 오늘의 벨을 나에게 보내 주시옵소서."

이 책을 읽고 그런 사람이 나타났으면 좋겠다.

6부 장애가 해냈습니다!

- 안데스에 오른 자폐장애인, 강준구
- 똑같은 일상적 반복, 지루하지 않아요
- 사반트신드롬
- 멕시코 조이하우스
- 라틴아메리카 교계 지도자들을 향해 외치다
- 멕시코의 얼굴
- 베데스다 못 성녀, 과달라루페

안데스에 오른 자폐장애인, 강준구

　2009년 6월 27일 강준구 군은 해발 5,530m 안데스 이신카산 정상에 우뚝 섰다. 그러나 준구는 정상에 올랐다는 감격의 눈물을 흘리거나 야호를 외치거나 또는 만세 동작이나 깃발을 흔드는 등 요란한 몸놀림도 하지 않았다. 얼굴은 약간 상기된 채 우두커니 서 있기만 했다. 정말 그는 아무런 감정이나 감격이 없었을까? 아니다. 결코, 아니다. 준구는 우리와 표현하는 방법이 다를 뿐이다. 준구는 언제나 모노톤으로 말한다. 같은 질문을 수없이 반복해서 해댄다. 준구의 안테나에 걸린 전화번호는 그날로부터 준구의 집요한 전화 공세를 받는다. 계속 걸려오는 전화 내용은 언제나 같다. "강준구 집 전화번호는…"으로부터 시작하는 내용은 "이번 주 조이토요학교는…" 하며 끝맺으며 찰

깍 끊어버린다. 상대방의 말을 들으려고 생각도 하지 않지만 무슨 말이라도 하면 오히려 신경이 거슬려서 자기가 하고 싶은 말을 속사포로 내뱉고는 전화를 일방적으로 끊어 버린다. 자신이 목적한 것에 대한 집착이다.

준구의 이런 버릇을 소개하는 이유는 바로 이런 자폐의 특성이 준구로 하여금 안데스에 오르게 한 원동력이 되었다는 사실을 말하기 위함이다. 한번 무엇을 하기로 마음에 결정한 것은 무슨 일이 있어도 해야만 하는 친구. 계획된 일을 한번 거르기라도 하면 안절부절못하는 친구. 일단 일을 성취하면 두 번 다시 거론하지 않는 친구. 바로 자폐장애인 준구다. 단장으로 대원들을 인솔한 김진희 전도사가 준구에게 계속 당부를 했다. "강준구! 산꼭대기에 올라가 깃발을 꽂고 '하나님, 감사합니다.' 하고 외치는 거야!" 반복해서 그렇게 주문을 했다. 준구는 그 말을 따라서 복창했다. 이제 준구의 머리에 입력된 것이다. '반드시 산 정상에 올라 깃발을 꽂아야 한다.'

"안데스가 주는 의미를 자폐장애가 있는 친구들이 알까요?" 이렇게 물어온다. 물론 우리가 정한 목표와 의미를 준구를 포함한 2명의 자폐장애 친구도 아는 것 같지 않다. 준구는 이번에 자신이 안데스 산을 올라 다른 장애인과 장애인 가족에게 꿈을 심어 주어야지 하는 그러한 중대한 사명의식을 가졌거나 반드시 성공해서 무언가를 보여주겠다는 거대한 목표를 세우고 산을 오른 게 아니다. 그냥 준구의 목표는 오로지 산에 오르는 것이었다. 산에 오르면 그것으로 끝이다. 더는 산에 오른 것 가지고 구구한 해석을 하지 않는다. 자기만 산에 올랐다고 입에 침이 마르도록 자랑을 하고 다니지도 않는다. 이것이 바로 우리와 다른 점이다. 사실 이번에 조이등반대는 8명이 팀이 되어 떠났다. 3명의 자폐삼총사의 안데스 도전이었다. 5명의 교사가 동반하였다. 현지 가이드와 헬퍼들까지 합치면 17명이 넘는 규모였다. 등반을 시작하자마자 한 명의 자폐친구는 베이스캠프까지도 올라가지 못하고 하산해야 했다. 다른 친구 한 명은 당나귀의 도움을 받아 베이스캠프까지 가까스로 올랐지만 거기서 머물러야 했다. 등반대장과 다른 교사 한 명도 건강과 베이스캠프 관리상 남고 이제 준구와 교사 2명, 그리고 현지 등반가이드 4명과 함께 정상정복에 나섰다. 한 명의 교사는 구토와 두통과 불면으로 더는 움직이기 어려워 하이 캠프High camp에 남아 있기로 했다. 준구와 담당 가이드 외에 한 명의 교사, 새벽 두 시에 길을 나선 이들은 눈밭을 걸으며 한 걸음 한 걸음 앞을 향해 걸었다. 그러나 고산증과 체력저하 때문에 마지막 남은 한 명의 교사마저 더는 갈 수 없어 포기하였으니 이제 준구밖에 남지 않았다. 그러나 준구는 말없이 발걸음을 떼었다. 준구만 떼어 보내야만 했던 선생님의 눈에 눈물이 고였다. 준구의 머리에 입력된 "산꼭대기에 올라 깃발을 꽂고 하나님! 감사합니다" 라고 외쳐야 하는 것이 준구로 하여금 정상으로 향하게 했던 것이다.

드디어 준구는 두 명의 현지 가이드와 함께 산 정상에 올랐다. 이렇게 하여 건장한 교사대원도 모두 포기한 정상을 장애인이라 불리는 준구는 해냈다. 그리고는 아무런 일이 없었다는 듯 툴툴 털고 산에서 내려왔다. 그리고는 더는 산 이야기를 하지 않았다. 진정한 승자의 모습이다. 자신만 올랐다고 거만을 떨지도 않는다. 장애인 안데스 최초 등반이라는 의미가 있다고 으스대지도 않는다. 준구의 산행이 우리에게 겸손을 배우게 한다.

이번 산행이 어렵긴 어려웠나 보다. 준구에게 농담으로 "준구! 내년에도 산에 가요" 했더니 그는 특유의 모노톤으로 "준구 산에 안 가요" 하며 홱 돌아섰다. 몇 번이고 되물었더니 같은 대답이 돌아왔다. 등반 훈련을 하는 동안에도 "산에 안가요"라는 말을 한 번도 하지 않던 준구에게도 많이 힘들었나 보다. 하긴 마지막 정상정복 길에 준구도 힘이 겨워 울부짖는 소리를 내며 걸었다고 한다. 그 길을 함께 가던 기록 사진 대원이 그 모습을 보고 함께 울었다고 했다.

준구는 이번 등반을 통해서 우리에게 성공이 아닌 승리하는 삶을 가르쳐 주었다. 그리고 장애인을 '못하는 사람' 이라는 개념으로 생각하는 우리의 '생각의 장애' 를 몸으로 지적해 준 셈이다.

똑같은 일상적 반복, 지루하지 않아요

지적 장애인의 특징 중의 하나가 똑같은 행동을 반복하는 것이다. 그리고 생각의 패턴도 고정되어 있다. 같은 생각과 행동을 반복해도 지루해하지 않는다. 오히려 패턴을 바꾸면 불안해한다.

우리는 똑같은 일을 반복하면 지루해한다. 그래서 같은 음식을 연이어 먹지 못한다. 같은 옷을 이틀 연속으로 입으면 큰일 나는 줄 안다.

그러나 우리 친구들은 똑같은 일을 반복하는 것을 좋아한다.

똑같은 일상을 반복하고 변화를 모르는 사람들이 시대의 빠른 변화에 발맞추지는 못해도 하나님의 마음으로 살 수는 있다.

우리 선교회가 운영하는 지적장애인을 위한 토요학교에 나오는 친구들 가운데 토요일만 오기를 기다리는 친구들이 많다. 미국의 좋은 어떤 프로그램보다도 토요학교에 나오는 것을 더 좋아한다. 다른 곳에서는 느낄 수 없는 어떤 맛이 있는가 보다. 하긴, 그들이 토요학교에서만큼 사랑을 받을까?

한번은 스무 댓 살 먹은 여자 자폐장애 학생 로라의 부모가 급한 일이 있어 토요일에 딸을 학교로 데려다 줄 수가 없었다. 워낙 당일 갑작스레 생긴 일이라 다른 사람에게 부탁할 수도 없었다. 하는 수 없이 로라에게 "오늘 한 번만 집에 있어라" 하고 사정을 했다.

안된다고 자동차를 타려고 달려드는 로라를 억지로 떼어 놓고 나갔다. 저녁때 일을 보고 집에 돌아와 보니 아연실색할 수밖에 없었다. 온 집안을 다 뒤집어 놓은 것이다. 그날부터 한 주 내내 로라는 "토요학교, 토요학교"라는 말만 반복했다.

"졌다 졌어." 그날 이후로부터 로라는 한 번도 토요학교에 빠지는 법이 없었다.

우리는 주님의 일에 이렇게 집착할 수 있을까? 집착이라는 게 자기의 에고ego에 쓰이면 나쁜 것이지만 하나님께 쓰이면 좋은 것이다. 모든 이치가 그렇다. 자폐장애의 특성 때문에 안데스에 오른 준구의 경우처럼 장애가 좋은 기능을 하기도 한다. 그래서 우리는 적어도 '없어서', '모자라서', '주어지지 않아서' 못한다는 말을 해서는 안 된다. 우리가 가지고 태어난 모든 성품에는 다 장단점이 있고 단점이 얼마든지 장점으로 쓰일 수 있기 때문이다.

사반트신드롬

　최근에 번역되어 출간된 책 『렉스』는 시각장애와 자폐장애를 동시에 가지고 태어난 장애인인 렉스의 이야기를 어머니가 쓴 책이다. 렉스의 어머니 캐덜린은 렉스를 낳은 날부터 날마다 '어째서 나와 이 어리고 천진난만한 아이에게 큰 고통을 주셨습니까?' 라고 절규했다. 비오는 어느 날 차 안에서 칭얼거리는 아이를 달래려고 들려준 베토벤의 음악에 민감하게 반응하는 아이를 보고 그녀는 렉스가 천부적인 음악성을 가지고 있다는 사실을 알았다. 두 번째 맞는 생일에 렉스는 이혼한 아버지로부터 전자피아노를 선물로 받았는데 이것이 렉스와 어머니의 삶을 일순간 바꾸어놓았다. 그러다가 4살 때 렉스가 피아노 건반을 두드리자 놀랍게도 조화로운 선율들이 울려 퍼졌고 렉스는 자기만의 세상을 음악의 신비로움으로 풀어놓기 시작했다. 피아노를 전혀 배운 적도 없는 아이가 유명한 음악가들의 음악을 그대로 받아 연주할 뿐 아니라 서로 다른 풍의 곡으로 재해석하여 연주하는 능력까지 보이기 시작하였던 것이다.

이처럼 장애인 가운데 어떤 부분에서는 보통사람을 훨씬 능가하는 천재적인 능력을 갖춘 경우가 있는데 이런 것을 사반트신드롬Savant Syndrome이라고 한다. 사반트신드롬의 경우 절반 이상은 자폐장애를 가지고 있다.

사반트신드롬의 예를 들면 소수점 이하 수십 자리까지 암산해내는 능력을 갖췄다거나 수십 년 전의 특정한 날이 무슨 요일이었는지 2~3초 안에 맞출 수 있는 능력이 있다. 우리 조이토요학교에 나오는 학생 가운데 자폐장애를 가진 토마스라고 하는 친구 역시 이런 능력을 갖추고 있어 사람들을 깜짝 놀라게 하곤 한다. 토마스에게 길을 떠나기 전 가야 할 곳의 약도를 미리 읽어준 다음 자동차 옆에 태우고 가면 토마스는 그야말로 일급 GPS가 된다. 그다음 길이 어디인지 좌회전을 해야 하는지 우회전을 해야 하는지 정확하게 알려주곤 한다. 또 토마스는 10년 전이나 10년 후라 하더라도 어느 특정 날짜를 말하면 그날이 무슨 요일인지 2초 내에 정확하게 말한다.

사반트신드롬을 가진 장애인이 뜻밖에 많아서 많은 부분에서 두각을 나타내고 있다. 가령 어떤 사람은 천재적인 미술 실력을 인정받아 이미 전 세계 화랑에서 가장 값비싼 작품으로 팔리고 있기도 하고 또 어떤 장애인은 도시 전체를 헬리콥터로 한두 시간 동안 감상하고 나서 전체도시를 있는 그대로 그려내기도 했다. 하나님은 우리에게 무한한 가능성을 심어 놓으셨다. 사반트신드롬을 가진 장애인을 보더라도 보이지 않는 무한한 세계가 아직도 우리에게 내재되어 있다는 사실을 알 수가 있다. 책 『렉스』를 통해서 한 번 더 확인된 것이지만, 하나님이 손을 대시면 사람들 눈에 그렇게 보이는 불량품도 천하의 최고의 걸작이 될 수 있다.

멕시코 조이하우스

로스앤젤레스에서 남동쪽으로 370km 떨어진 곳에 있는 미국과 맞붙어 있는 멕시코의 국경도시가 멕시칼리이다. 멕시칼리는 멕시코 바하 캘리포니아 주의 주도로서 인구는 약 90만 명 정도다.

이곳에 우리는 멕시코 조이하우스 건축을 막 마쳤다. 멕시코의 많은 도시 중에서 이곳에 조이하우스를 세우게 된 계기는 내가 오랫동안 멕시코 선교를 하는 지역이기도 하고 그곳에서 선교사역을 하는 김용인 선교사가 장애선교에 관심을 두면서부터 조이하우스에 대한 꿈을 가졌기 때문이다.

몇 년 전 장애선교 용도로 써달라고 로스앤젤레스에 있는 동문교회가 매달 적금을 부으면서 대지를 사 주었고 2010년초 몇 분 후원자의 격려에 힘입어 공사를 시작하게 된 것이다.

멕시칼리는 엄청나게 더운 곳이다. 7월의 평균온도가 42℃이며 52℃를 기록한 때도 있었다.[1995] 이런 살인적인 더위도 그곳 장애아들을 향한 우리의 사랑의 마음을 막지 못한다.

김용인 선교사가 운영하는 보육원에 호세아벨이라는 8살짜리 남자 다운아이가 있었다. 우리 조이하우스에 들어갈 첫 번째 아이로 선정되어 미리 훈련을 받는 셈이었다.

호세아벨은 처음에 이곳에 올 때만 해도 문제아였다. 그전에 있었던 보육원에서 철창 안에서만 갇혀 있어서 그랬는지 또는 학대를 당했는지 알 수는 없지만 호세아벨은 한 번도 웃는 모습을 보이지 않았다. 오로지 원하는 것은 먹는 것뿐이었다. 자기의 몫을 다 먹고도 남의 것을 빼앗아 먹고 더 달라고 행패를 부렸다. 보육원에 온 지 얼마간의 시간이 지나도 다른 아이들을 밀치고 꼬집고 물고 그의 행패는 그칠 줄 몰랐다. 김 선교사는 물론 아이들을 직접 돌보는 현지 멕시코인 엘리야 목사의 말도 듣지 않고 계속 반항만 했다. 사랑을 받아보지 못한 탓이었다.

김 선교사는 계속 말썽을 부리는 호세아벨의 마음을 사는 법을 연구했다. 보육원에 사는 아이들은 눈치가 9단이라고 해도 과언이 아니다. 그들은 자신들이 진정으로 사랑을 받는지 아닌지 누구보다도 잘 안다. 장애아라고 해서 모르지 않는다. 오히려 장애아들이 사랑에 민감하다.

김 선교사는 호세를 진정으로 사랑했다. 장애아를 대하기는 호세가 처음이다. 앞으로 조이하우스를 운영해야 하기 때문에 호세를 다루는 법을 터득하지 못하면 앞으로 사역에도 큰 문제가 있을 거라는 생각이 들었던 것이다.

그러나 사람의 마음을 얻는 건 전략으로 되는 게 아니다. 또 특별한 기술이 필요한 것도 아니다. 김 선교사가 호세의 마음을 얻게 된 것도 어떤 특별한 방법이 작용한 것이 아니다. 언제부턴가 호세가 선교사께 가까이 다가오기 시작했다. 아침 인사도 먼저 하고, 손을 잡고 가슴에 안기기도 했다. 선교사님의 사랑을 느낀 것이다.

심했던 행패도 그친 것은 물론이다.

금방 다른 아이가 되었다.

아이들 사이에 가장 인기 있는 아이가 되었다. 비록 말은 잘하지 못했지만.

보육원의 마스코트가 되었다. 방문하는 손님들을 제일 먼저 맞는 아이도 호세였고 인사성이 제일 밝은 아이도 호세였다.

선교사님도 사랑에 빠졌다.

"장애아를 돌보다 보니 이런 맛이 있는 줄 몰랐어요. 이 맛에 장애선교를 하나 봐요. 그렇죠. 목사님?" 하고 김 선교사는 나에게 되물었다.

사랑은 언제나 질투를 몰고 오던가?

2010년 3월 24일 멕시칼리가 발칵 뒤집혔다. 아침 새벽, 갑자기 소란이 일어 밖에 나가보니 수많은 경찰이 선교관을 에워싸고 있었고 여러 대의 TV 방송국 중계차와 수많은 기자가 북적거렸다.

아이들을 돌보고 있던 엘리아 목사를 체포해 갔다. 그리고 보육원 아이들도 모두 데리고 갔다.

엘리아 목사가 보육원 아이를 성추행했다는 제보를 받았다는 것이다.

"엘리아 목사가 성추행?" 말도 안 되었다. 누구보다도 엘리아 목사를 잘 아는 김 선교사로서는 도무지 믿을 수가 없었다. 그리고 그런 일은 일어날 수도 없는 일이었다. 보육원이 김 선교사 가정이 살림하는 선교관과 붙어 있었고 엘리아 목사는 사모와 함께 바로 아래층에 살고 있었기 때문이다.

그런 일이 있었다면 짐작이라도 할 수 있었을 텐데. 아이들에게서 전혀 이상한 점을 발견할 수도 없었으니까.

그러나 연일 TV 방송과 신문은 이 사건을 특종 취급하였다. 없는 말을 그럴듯하게 꾸며 소설을 쓰고 있었다.

아니나 다를까. 사건 전모를 캐보니 황당하게 얽혀 있었다.

일전에 보육원에 있는 형제 아이 둘을 맡긴 부모가 아이를 방문한 적이 있었다고 한다. 사실 스스로 아이들을 맡긴 것이 아니라 아이들을 빼앗긴 경우다. 술과 마약에 빠져 아이들을 제대로 키울 수도 없을 뿐더러 아이들을 학대했기 때문이었다.

보육원에 있는 아이들의 많은 경우가 부모가 있는 경우이다. 물론 대부분은 아이를 찾지도 방문하지도 않지만.

내가 방문한 어떤 집에서는 엄마와 딸이 동시에 아기를 낳아 한 침대에서 두 아기를 돌보고 있었는데 둘 다 아빠가 없다고 했다. 누군지도 모르겠고 짐작은 가지만 찾아오지도 않는다고 했다. 성에 일찍 눈을 뜬 멕시코에서는 15살에 아기를 갖는 경우도 비일비재하다.

그럼에도, 가톨릭 문화를 가진 멕시코에서는 낙태가 금지되어 있고 사람들도 낙태하지 않고 그냥 아기를 낳아버린다.

멕시코에서는 이런 아이들을 위해 고아 아닌 고아들을 위한 고아원이 많다. 멕시칼리에서 김 선교사가 운영하는 보육원이 고아원이란 이름 대신 보육원이란 이름을 쓰는 이유도 거기에 있다.

보육원을 갑자기 방문한 그 부모는 그날따라 아이가 보고 싶었던지 보육원에 예고도 없이 나타나 아이를 보자고 했다. 아이를 보라고 잠깐 시간을 내주었더니 갑자기 두 아이를 차에 태우고 줄행랑을 쳐버렸다. 급히 뒤따라간 엘리아 목사가 겨우 다시 찾아오긴 했지만, 큰일 날 뻔한 순간이었다. 그런데 이 사건이 더 큰 사건을 유발한 계기가 되고 말았다. 아이의 부모가 아이를 납치했다는 혐의를 감추려고 말을 꾸며 엘리아 목사를 경찰에 고발해 버린 것이다. 자기들이 아이들을 구출하려고 한 것은 아이들이 엘리아 목사로부터 성폭행을 당했다는 말을 들었기 때문이라고 둘러댔던 것이다.

그로부터 수사관들이 들이닥쳐 보육원 아이들 한명 한명을 조사하기 시작했다.

문제가 되려니 평소에는 아무것도 아닌 것이 결국 꼬투리가 되었다.

멕시코에서는 같은 성별이 아닌 성인이 아무리 어린 아이라도 몸을 만질 수 없게 되어 있다. 엘리아 목사가 한밤중에 갑자기 엉덩이가 아프다고 펄펄 뛰며 달려온 여자 아이 엉덩이에다 연고를 발라 준 일이 있었단다. 수사관이 대수롭지 않게 "혹시 엘리아 목사가 자신의 몸에 손을 댄 일이 있느냐"고 묻는 유도 질문에 그런 일이 있었다고 답했단다. 결정적인 단서를 잡았다고 생각한 수사관은 아이들에게 시시콜콜한 질문을 계속해대며 무려 천 페이지가 넘는 조서를 꾸몄다.

그중에 가장 심각하게 혐의를 제공한 실마리를 보니 어이없게도 같이 봉사하던 한 한인여자 선교사의 악의 없는 실수도 들어 있었다. 아이들을 목욕시키는 사진을 찍어 선교보고에 사용하려고 컴퓨터에 저장해 놓았던 것이다.

압수해간 컴퓨터에서 겨우 이 사진 하나를 확보하자 그들은 개가를 부르며 '미성년자 포르노' 사진을 찍은 혐의가 있다고 미디어에 떠들어 버렸다. 문제는 눈덩이처럼 커졌다. 변호를 맡은 변호사는 문제가 없다고 하지만 이 사건은 아직도 정식 재판을 받지도 못하고 시간만 끌고 있고 엘리아 목사는 아직도 교도소에서 억울한 옥살이를 하고 있다.

보육원에서 쫓겨난 아이들이 여기저기 흩어져 정부에서 운영하는 열악한 고아원으로 다시 돌아갔다는 말은 들은 김 선교사의 마음은 찢어질 것만 같았고 나도 호세아벨이 눈에 밟혀 잠이 오지 않을 정도다. 다시 이 아이를 빨리 찾아와서 조이하우스를 통해 찢어진 그들의 마음들을 봉합해 주어야지 하는 마음으로 그날을 기다리고 있다.

라틴아메리카 교계 지도자들을 향해 외치다

2007년 3월 21~24일 멕시코 복음주의 연합회의 초청으로 멕시코 몬테레이에서 열린 라틴아메리카 복음주의 교계지도자 모임에서 "왜 라틴아메리카에 장애선교가 필요한가?"라는 제목으로 특강을 했다. 나는 다음과 같이 호소했다.

장애는 세계적인 현상입니다. WHO의 통계에 의하면 전 세계 인구의 10%가 장애인입니다. 그러나 문화에 따라 장애를 다르게 이해하고 있습니다. 어떤 곳에서는 장애는 신의 저주나 조상의 죄 때문에 벌을 받아 태어났다고 믿고 또 어떤 문화에서는 전생의 삶에 따른 업보karma라고 이해를 합니다. 그러나 또 어떤 문화에서는 장애는 삶의 다른 방식이라고 긍정적으로 생각합니다.

라틴아메리카에도 10%의 장애인들이 살고 있습니다. 그런데 장애인들의 복음화율은 무척이나 낮습니다. 가정도 사회도 심지어는 교회도 그들에게 복음이 필요하다고 심각하게 생각하고 있지 않기 때문입니다. 장애인들은 결코 죄 때문에 태어난 버려진 인생들이 아닙니다. 그들에게도 하나님의 하시는 일을 나타내고자 하는 영광의 분량이 있습니다.요9:1

라틴아메리카 인구가 지금 7억입니다. 이 중에 10%인 7천만 명이 장애인입니다. 4인 가족으로 따지면 장애인 가족이 2억 8천만이나 됩니다. 그런데 놀랍게도 제가 아는 한 장애인을 위한 예배를 따로 드리는 곳이 거의 없습니다. 그들은 교회를 가고 싶어도 갈 수가 없습니다. 교회를 간다 해도 예배를 드릴 수가 없습니다. 교회에서도 반겨주지 않습니다. 2억 8천만 장애인 가족에게 복음을 전하면 그야말로 황금어장입니다.

예수님이 사랑하신 장애인들과 병자들. 그들에게 복음을 전하는 것은 주님의 명령일 뿐 아니라 선교에서도 가장 전략적인 선교지입니다. 이들은 복음을 빨리 받아들입니다. 이들에게 복음을 전하면 교회도 성장하게 됩니다. 라틴아메리카에도 장애라는 이유로 복음에서 제외되어 우는 사람이 없어졌으면 좋겠습니다.

강의를 끝내고 나오자 많은 지도자가 달려와 내 손을 잡고 "정말 중요한 도전을 주셔서 감사합니다. 우리가 예수님의 마음을 잊고 있었습니다"라고 말하며 내 손을 꽉 쥐었다.

따로 라틴아메리카 27개국에서 온 각 나라의 대표들과 환담하는 자리에서 이들은 한결같이,

"교회가 장애인을 위한 예배와 프로그램을 따로 진행해야 한다는 강의에 충격을 받았습니다. 이제 우리가 할 때가 된 것 같습니다"라고 이구동성으로 도움을 요청하였다.

멕시코의 얼굴

멕시코 하면 개발도상국가, 축구를 잘하는 나라, 일 잘하고 힘센 자그만 키의 멕시칸, 놀기 좋아하는 사람들, 이런 생각이 먼저 떠오를 것이다. 그러나 멕시코를 말하면서 복지 국가라는 연상을 하는 사람은 거의 없을 것이다. 아직 복지 국가로 가는 길목에 들어서지도 못했다고 볼 수 있다. 그런데 멕시코 경제가 빠른 속도로 발전하면서 복지에 대한 배려도 눈에 들어온다. 그 첫 번째 변화는 멕시코시티에 들어오는 멕시코시티 공항에서부터 눈에 들어온다. 결코, 쇼맨십이 아닌 진

정성이 보이는 변화다.

멕시코시티 국제공항에 내리면 수하물을 찾는 곳에서부터 바깥 택시를 타는 쪽으로 죽 늘어서서 웃음으로 승객들을 안내하는 무리를 볼 수 있다. 그런데 이들은 한결같이 휠체어를 타고 있다. 2007년 11월 멕시코시티 국제공항에 새 터미널이 들어서면서부터 생긴 모습이다. 왜 멕시코는 멕시코 방문객들에게 휠체어 장애인들을 멕시코의 얼굴로 내세웠을까?

다른 나라 같았으면 나라의 수치가 된다고 오히려 숨길 일을.

사연을 들어 보았다.

공항 측은 새 터미널을 개장하면서 멕시코가 세계를 향하여 지향해야 할 얼굴로 무엇을 선택할 것인가를 두고 고심하다가 장애인을 선택했다고 한다. 멕시코에서 여전히 소외된 자들이지만 이제 국제적인 수준에 맞는 복지 국가로 나가기 위한 의지의 선언이자 실천적 첫걸음으로 60명의 장애인을 정식직원으로 채용하여 이들에게 일을 맡겼다는 것이다.

우선 새로운 인생을 열게 된 당사자들이 제일 좋아했지만, 장애인을 비롯한 소외된 사람들이 꿈을 갖게 된 계기가 되었다. 또 정부를 신뢰하고 기대하게 되었다.

공항을 드나드는 승객들로부터도 너무나 좋은 반응을 얻고 있다고 한다. 따뜻한 미소로 자신들을 맞이해주는 휠체어 장애인 직원들과 사진도 찍고 감사의 악수를 내미는 승객들이 많단다. 따라서 멕시코의 이미지도 올라가서 정부에서도 고마워하고 있다고 한다.

멕시코 정부는 지금 장애인들을 품기 위한 야심 찬 계획을 세우고 있다. 지금 현재 40%에 머무는 정부건물에 대한 장애인들의 접근 시설을 2012년까지 90%까지 끌어올릴 계획으로 있다.

물론 장애인들의 취업과 같은 복지는 아직 멕시코에서 걸음마 단계에 있다. 하지만, 나에겐 그들을 향한 뜨거운 소원과 기도제목이 있다. 멕시코 사람들이 그리고 남미 사람들이 복지의 맛을 알기 전에 하나님의 사랑을 알았으면 하는 것이다. 복지. 참으로 좋은 것이다. 그러나 복지가 먼저 들어가면 복지의 노예가 된다.

그래서 멕시코 땅에서 시작하는 우리 조이하우스의 사명이 크다고 생각한다. 하나님을 아는 것이 복지의 근원이라는 것을 가르치는 실습장이 될 것을 바라며.

베데스다 못 성녀, 과달라루페

가톨릭의 나라 멕시코 사람들은 서방세계와 달리 그들에게 특별하게 나타났다고 믿는 과달라루페를 마리아보다 더 숭배한다. 과달라루페가 나타나 교회를 지으라고 지시한 자리가 바로 멕시코시티에서 그리 멀지 않은 곳에 있는 오늘날 과달라루페 성당이라고 한다. 해마다 전 세계로부터 수백만 명의 신도들이 이곳에 와서 그녀에게 기도를 올린다. 멕시코 사람들은 과달라루페가 1629년 멕시코시티를 큰 홍수로부터 건져냈으며 1737년에는 세계적으로 창궐한 페스트로부터 79만 명의 인명을 살렸다고 믿는다. 따라서 그곳에 가서 기도하면 과달라루페가 오늘날도 기도를 응답하고 기적을 일으킨다고 믿는다.

과달라루페는 이제 멕시코의 상징이다. 로마 교황청마저 과달라루페를 "멕시코의 여왕이자 미 대륙의 여황제"[1945]로 선포했을 정도다.

사람들은 과달라루페가 기적을 행한다는 소문을 믿고 오늘도 수많은 사람이 그쪽을 향하여 걷고 있고 많은 장애인도 과달라루페의 은총을 바라며 순례행렬에 동참하고 있다.

그러나 과달라루페도 베데스다 못인 걸 이내 깨닫고 실망한다.

베데스다는 많은 병자와 장애인들이 기적의 못인 줄 알고 달려들었으나 결국은 자신이 경쟁할 수 없는 불공정한 못이라는 걸 깨닫고 절망 속에 주저앉아버린 곳이다. 베데스다 못은 물이 동할 때마다 극히 소수만이 혜택을 얻을 수 있는 처음부터 불공정한 못이다. 더구나 병이 심하면 심할수록 더욱 다가갈 수 없는 절망의 못이다. 물이 동할 때 들어갈 수 있는 사람들은 지극히 일부 특권층이었을 것이다. 물이 동할 때 제일 먼저 들어가는 사람은 잽싸게 달려 들어갈 수 있는 기동력이 뛰어난 경증환자일 것이다. 아니면 가족들이나 친구들이 냅다 들어 던져 넣어줄 수 있는 든든한 후원자가 있는 환자일 것이다. 그것도 아니면 돈이 많아 자신을 던져줄 사람을 여러 명 고용한 사람일 것이다. 이런 사항에 해당하지 않는 대부분 중증환자나 중증장애인들에게는 그야말로 그림의 떡이다. 아니 다른 사람의 환호가 괴롭고 다른 사람의 축복이 저주가 되고 만다. 베데스다 못은 결코 그들에게 소망의 못이 되지 못한다.

베데스다 못이 나오는 성경 본문의 배경은 유대인의 명절, 유대인의 장소^{양문, 못, 행각}, 유대인의 생각^{천사가 물을 동하게 함}, 그리고 유대인의 종교와 이런 유대인의 의식 속에 놓여 있는 38년 된 병자를 부각시키고 있다. 즉 유대인의 방법으로는 38년 된 병자는 결코 나을 수 없는 절망의 환자라는 사실을 어둡게 암시하고 있다.

이렇게 절망적인 상황 속에 있는 38년 된 장애인에게 예수님이 찾아오셨다. 이제 예수님은 절망의 못 앞에 유일한 대안으로 서신 것이다. 베데스다 못으로는 불가능하지만, 자신을 통해서는 누구든지 고침을 받을 수 있다는 사실을 나타내 보이려고 베데스다 못 한가운데 치유의 주인으로 등장하신 것이다.

예수님은 은혜의 못이다. 은혜의 못은 누구나 들어갈 수가 있어야 한다. 누구나 들어가면 다 나음을 입어야 한다. 일부에게만 해당하는 것은 은혜의 법칙이 아니다. 모든 사람에게 해당하는 것이 은혜이다

율법은 베데스다처럼 사람을 묶어 놓는 역할을 하지만 예수님은 풀어 놓는 역할, 즉 고치시는 역할을 한다. 은혜는 율법의 사슬을 끊는 능력이다.

베데스다에 등장하는 병자, 소경, 절뚝발이, 혈기 마른 자들은 결국 육체적 장애인을 가리키는 말이 아니라 율법 아래에 놓여 있는 영적 장애인들을 암시하기 위하여 등장한 베데스다 못의 등장인물에 불과하다.

멕시코를 바라보는 나의 심정이다. 모두 하나님을 믿는다고 하면서 절대 동하지 않는 물 과달라루페 못을 바라보는 멕시코 사람들을 위해 "오, 주님 멕시코 사람들의 눈을 뜨게 하옵소서." 기도한다.

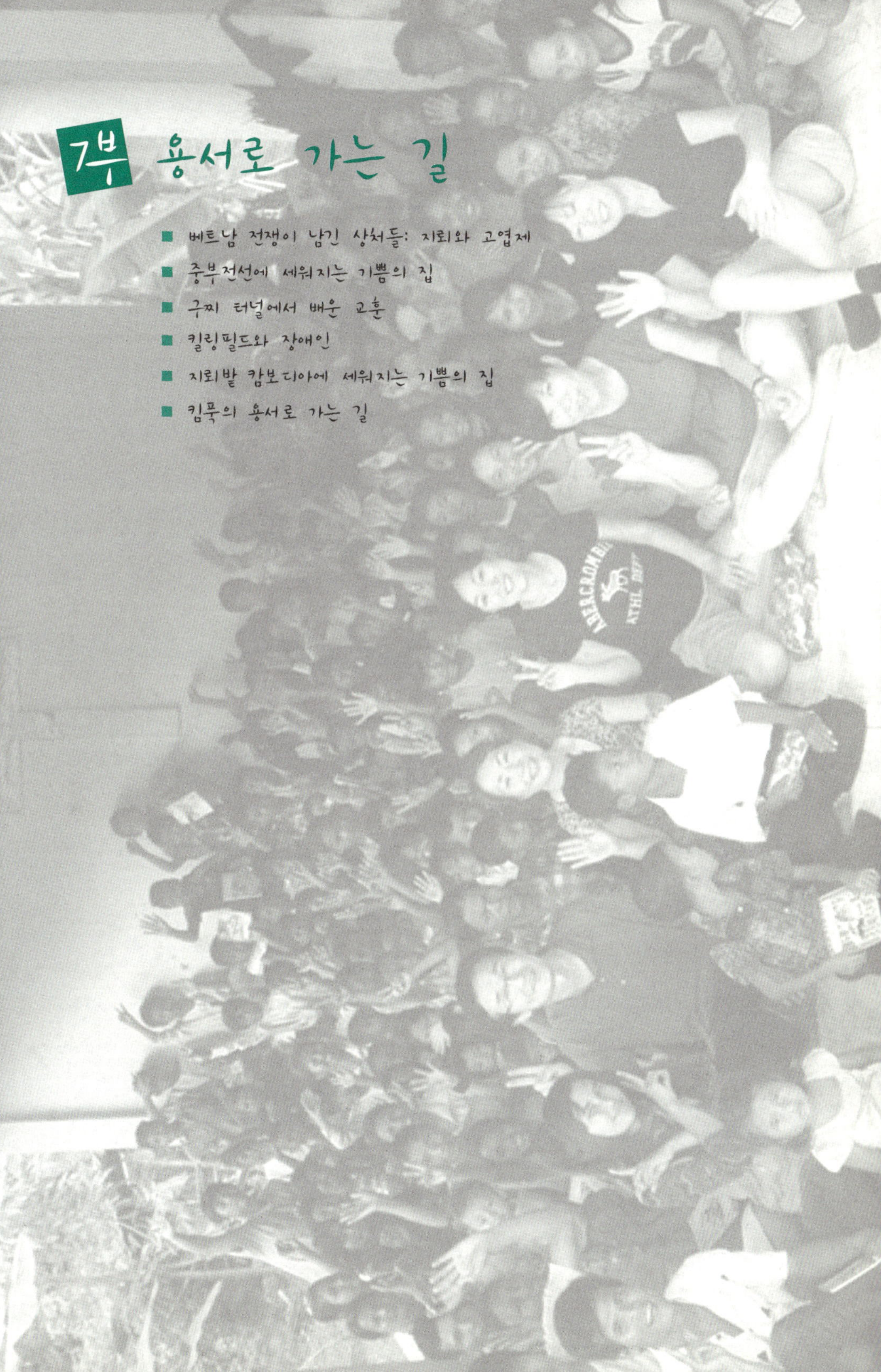# 7부 용서로 가는 길

베트남 전쟁이 남긴 상처들: 지뢰와 고엽제

승자도 패자도 없이 서로에게 깊은 상처만 남긴 베트남 전쟁이 종전한 때가 1975년 4월 30일이었으니 2011년 올해로 36년이 되었다. 지금 베트남은 매우 활기가 넘친다. 경제 부흥의 기치를 내건 정부나 잘 살아보자고 팔을 걷어붙이고 나선 국민 모두 미래의 소망으로 가득 차 있는 듯하다. 기나긴 전쟁을 그것도 세계의 최강국 미국으로부터 이겼다는 자긍심 때문인지 전쟁의 원수인 미국과 한국에 대해서도 이제는 형제라고 악수를 청하는 이들이다. 하지만, 아무리 전쟁이 끝났다고 전쟁에 대해서는 다 잊자고 해도 전쟁을 결코 잊을 수 없는 사람들이 많다. 전쟁으로 가족을 잃은 사람들과 장애인이 된 사람들이 바로 그들이다.

또 전쟁은 절대 끝나지 않았다. 지금 이 시각에도 베트남에는 총성 없는 전쟁이 계속 되고 있으며 그로 말미암아 많은 생명이 생명을 잃거나 장애인이 되고 있다. 바로 지뢰와 고엽제 때문이다.

한국지뢰제거연구소에 의하면 베트남은 종전 후 지뢰 및 불발탄 피해자가 10여만 명에 달하고 현재도 무고한 어린이와 민간인들이 매년 2천여 명이 지뢰 및 불발탄 폭발로 말미암아 죽거나 장애인이 된다고 한다. 이런 지뢰 폭발사고는 너무 흔한 일로서 사고가 발생하여도 뉴스에 취급조차 되지 않는다고 한다.

고엽제로 말미암은 피해는 심각성을 더한다. 그 피해가 대를 이어 전해지기 때문이다.

미군은 밀림 때문에 월맹군의 색출이 어렵고 또 몰래 월맹군들을 지원하는 지역주민들의 행태를 원천적으로 봉쇄하기 위해 아예 경작지를 없애 주민들을 이주하게 할 목적으로 모든 식물을 말라죽게 하는 고엽제를 대량 살포했다. 이 고엽제는 베트남과 라오스 그리고 캄보디아 일부 지역에까지 살포되었는데 그 양이 무려 2천만 갤런에 달했다.

베트남 외무성에 따르면 480만 명의 베트남 주민들이 고엽제에 노출되었으며 그로 말미암아 40만 명이 목숨을 잃거나 장애인이 되었다고 주장한다. 그리고 고엽제의 영향으로 50만 명이 선천적 장애아로 태어났다고 추산했다.(베트남 적십자사는 이보다는 적게 300만이 손해를 입었고 15만 명의 선천적 장애아가 출생했다고 추정한다.)

이 고엽제는 한국에도 60년대 말과 70년대 초에 비무장 지역에도 뿌려졌었고 이로 말미암아 많은 사람들이 아직도 고통을 받고 있다.

고엽제로 말미암은 피해는 베트남 주민들에게뿐 아니라 전쟁을 수행한 미군들에게도 큰 피해를 주었다. 지금도 많은 월남전 참전용사들이 고엽제 후유증으로 치료를 받고 있다.

더욱 안타까운 일은 고엽제 피해 당사자들이 제대로 치료를 받지도 못하고 아무런 보상도 받지 못하고 있다는 사실이다. 고엽제 살포 당사자인 미군과 정부 당국도 베트남 주민들의 피해보상에 아직 현실적인 대안을 내놓지 않고 있다.

고엽제로 말미암아 수많은 기형아가 태어났다. 그리고 지금도 계속해서. 왜 이들이 전쟁의 죗값을 치러야 할까?

고엽제 피해자인 지앙이라는 소녀가 쓴 짧은 시를 소개한다. 그녀는
고엽제의 영향으로 두 발을 쓰지 못한다. 지앙은 시를 통해 고엽제 피
해가 얼마나 많은 아이의 꿈을 빼앗아 갔는지 마른 눈물로 절규했다.

지금 맹인인 저 소년은

화가가 되길 원했겠죠.

지적장애 때문에 책을 읽을 수 없는 저 소녀도

학교에 가고 싶을 거예요.

얼굴이 무너져 내린 저 소녀

모델이 되길 꿈꾸었을 텐데….

http://www.dioxinvietnam.blogspot.com 에서 발췌 번역

중부전선에 세워지는 기쁨의 집

기형아로 태어난 두 아들 '안'과 '뜨랑'을 손 지게의 양쪽 바구니에
태우고 학교로 향하는 '반 난'씨의 사진과 기사를 읽으면서 내 마음
이 시렸다. 가만히 있으면 죄를 짓는 것 같았다. 비록 내가 직접 전쟁
에 참가하지는 않았지만, 미국과 한국 모두 전쟁당사국 아니었던가?
아무리 평화를 위해 그랬다 쳐도 저 아이들에게는 평화가 준 선물이

아니지 않은가?

　전쟁 중에 '난' 씨는 미군이 고엽제를 투하한 지역에 살았다. 물론 그때는 고엽제가 어떤 결과를 가져올지 전혀 몰랐다. 1985년 결혼을 하고 2년 후에 아이를 낳고 보니 쌍둥이 기형아였다. 병원에서 고엽제 때문이라고 했다. 아들들을 고쳐보려고 병원을 전전했지만, 아이들의 팔과 다리는 점점 더 말라 오그라들었다.

　두 아들이 8살이 되었을 때 아이들이 학교에 가고 싶다고 아빠를 졸랐다. 아빠는 눈물을 훔치며 아이들을 베트남 특유의 손 지게 양쪽에 태운 채 학교에 데리고 다녔다. 마침 아이들이 공부를 좋아했고 성적도 꽤 좋았다. 그 이후로 '난' 씨는 8년 동안 하루도 빠짐없이 아이들을 손 지게에 태운 채 3km나 되는 길을 학교에 데리고 갔다가 데리고 왔다. 그 이후에 학교로 가는 길이 포장이 되자 낡은 오토바이를 사서 아이들을 태우고 고등학교 졸업할 때까지 데리고 다녔다고 한다. http://www.dioxinvietnam.blogspot.com에서 발췌 번역

　'안'과 '뜨랑' 같은 고엽제 피해 아이들이 수십만 명이라고 한다. 과연 이들을 위해 무엇을 할 수 있을까? 지금도 베트남 많은 지역에서 아이들을 등에 업고 자전거에 태우고 또는 오토바이에 태우고 학교에 가는 부모들의 모습을 심심치 않게 볼 수 있다고 한다.

　전쟁으로 휘어지고 뭉그러진 몸뚱이들이지만 꿈만큼은 결코 오그라들게 할 수 없다는 부모들의 눈물 어린 투지가 이들을 내일의 베트

남의 밝은 등불들이 되게 할 것을 굳게 믿는다.

　어떻게 이들에게 우리가 응원하는 박수소리를 전할 수 있을까 생각하다가 우리 선교회가 펼치는 '기쁨의 집' 사역을 고엽제 피해 가족들에게 제공하는 게 좋겠다고 생각했다. 베트남 현지 기독교 교단인 ECVN 교단과 손을 잡고 특별히 가장 전쟁이 치열했던 중부전선 지역의 전쟁 피해 장애가족들에게 기쁨의 집 10채를 지어주기로 했다. 앞으로 계속 늘려가기로 하고.

구찌 터널에서 배운 교훈

　베트남 전쟁의 아이콘이 된 꾸찌 터널 현장을 답사해 보고 나니까 어떻게 미국이 베트콩을 도저히 이기지 못했는지 비로소 이해가 갔다.

　최신무기와 엄청나게 많은 양의 폭탄을 가진 미군과 맞싸우려고 소위 '베트남 해방전선' 게릴라들은 저항의 근거지를 마련하기 위해 곳곳에 땅굴을 팠다. 그들이 가진 도구라고는 초라하기 그지없는 호미와 소쿠리, 그리고 맨손이 전부였다. 가장 대표적인 땅굴 지역인 구찌 지역이 그토록 광범위하고 지탱하기가 쉬웠던 이유가 토양이 점성이 강한 흙으로서 일단 공기와 접촉하면 더욱 굳어지는 특성이 있었기 때문이다. 구찌 터널의 길이는 총 연장 320km에 달했고, 병원, 식당,

병기 수리 공장 등이 갖춰진 터널은 가장 많을 때는 1만 7천 명의 게릴라들을 수용할 수 있었다고 하니 1개 보병 사단 병력을 감쪽같이 은폐할 수 있을 정도였다.

　미군은 힘에 의지했고 월맹군은 지혜와 끈기로 대항했다. 미군은 땅굴을 발견하고 게릴라 소탕작전을 펼쳤으나 번번이 실패하였다고 한다. 그도 그럴 것이 교묘히 위장된 터널 입구는 가로 30cm, 세로 45cm에 불과해 덩치가 큰 미군들은 들어갈 수조차 없었고, 미로처럼 구불구불해서 총을 쏘거나 수류탄을 터트려도 별 효과를 볼 수 없었다고 한다.
　나중엔 미군 중에 몸집이 작은 병사들을 모아 ‘땅굴쥐’라는 특공대를 만들어 땅굴에 숨어 있는 게릴라들을 섬멸하려고 했으나 오히려 많은 사상자만 내고 별 효과를 거두지 못하자 해체한 일도 있다고 한다.
　땅굴을 자세히 살펴보니 베트콩들의 지혜와 끈기가 대단했음을 알수 있었다. 땅굴을 무너뜨리려고 전투기를 이용하여 엄청난 많은 양의 초강력 포탄을 투하했어도 땅만 움푹 팼을 뿐 땅굴은 끄떡없었다. 숨어 있는 게릴라들을 색출하는 데 방해가 되는 울창한 숲을 없애려고 어마어마한 양의 고엽제를 뿌렸으나 고엽제는 미군을 비롯한 선량한 사람까지 말려 죽게 만들었다.

　구찌 터널을 견학하고 돌아오면서 “무슨 일이 있어도 전쟁만은 막아야 한다”라는 생각이 들어 앞으로 반전운동에 꼭 참여해야겠다는 결심을 했다. 전쟁은 미움과 욕심 때문에 생기는 것이다.

구찌에서 베트남 사람들의 힘을 보았다. 그들의 지혜와 끈기를 보았다. 반드시 물리적 우위가 승리의 열쇠가 아니라는 것을 입증한 셈이다. 진정한 승리는 전략과 끈기에 있는 것인데 미국은 이 두 가지 면에서 진 셈이다. 이런 생각을 하다 보니 덜컥 겁이 났다. 앞으로 전개될 영적 전쟁도 베트남에서 만만치 않겠다는 것을 느꼈다. 전쟁의 달인인 이들이 영적 전쟁의 전략 또한 기가 막히게 구상하고 있을 테니까 말이다. 하나님의 일꾼들이 이들만큼이나 지혜와 끈기가 없다면 베트남 선교는 불가능하겠다는 것을 피부로 느꼈다.

반면에 이들에게 영적인 기만 불어 넣어준다면 어떤 어려움과 박해가 와도 능히 이겨낼 능력을 받은 복된 민족임을 확신하게 되었다.

킬링필드와 장애인

아, 킬링필드. 듣기만 해도 무시무시한 말. 킬링필드의 현장을 처음 방문했을 때 「킬링필드」 영화의 장면들이 하나하나 내가 걷는 발걸음마다 따라붙는 듯했다.

발로 툭툭 차면 튀어나오는 허연 뼛조각들과 옷자락. 머리카락들. 이렇게 잔인할 수 있을까? 이토록 무식하고도 무모할 수 있을까? 황량하게 버려진 들판에 바람 한 점 없이 잔인하리만큼 더운 증기만 살속으로 파고들었다.

월남전이 끝나자마자 폴폿 휘하의 크메르루주 공산반군이 캄보디아를 장악했던 1975년부터 1979년 사이 이들은 당시 800만의 캄보디아 국민의 1/4를 죽여 버렸다고 한다. 농민들의 나라를 만든다고 하면서 모든 지식인을 다 죽였다. 농민들은 무식해야 한다고 생각했던지 글을 읽을 줄 알아도 죽이고 말을 잘해도 죽였다. 단지 안경을 꼈다는 이유로 사람을 처형하기도 했다. 지식인과 부르주아 반동을 제거해야 행복한 농업 공동체를 만들 수 있다고 선동했다. 중앙은행을 폭파하고 화폐를 없애 물물교환 사회로 되돌아가려 했으니 이를 어떻게 정당화할 수 있을까?

지금 캄보디아는 이보다 더한 오랜 전쟁을 겪은 베트남보다 더 문호를 개방하고 외국자본을 끌어들여 경제 부흥을 꾀하려고 노력하지만 좀처럼 기지개를 켜는 데도 힘들어 보인다.

지금 살아남은 사람들. 살아남으려고 숨죽이고 살아야만 했던 사람들. 자기의 주장이나 비전 따위는 이미 무덤에 파묻고 살았던 사람들. 자신의 의견을 말하던 사람들이 한순간 쥐도 새도 모르게 없어지는 것을 보고 살았던 사람들. 그러니 오늘도 단지 살아남으려면 현상유지가 더 편한 사람들이 대부분이라고 말해도 크게 틀린 말이 아니라고 한다.

캄보디아는 농업국이다. 그럼에도, 농업이 잘 돌아가지 않는다고 한다. 농부들의 나라를 만든다고 하면서 농토에 관련된 모든 기술 인력까지 부르주아라고 다 죽였던 탓이라고 한다. 관개시설, 측량, 품종개량, 농약개발 등 농업에 관련되어 연구하는 과학자들까지 모조리 처치했다고 하니, 프랑스 유학 시절 공산주의에 빠졌다는 폴폿이 이토록 무식할 수 있을까?

어찌하여 하나님은 그 순간에 눈 감고 계셨을까? 그러다가 지금 잠을 깨신 걸까? 캄보디아는 이제 동남아시아에서 선교사들에게 활동의 자유를 허용한 몇 안 되는 나라 중의 하나가 되었다. 선교사들이 분주히 움직이기 시작했다. 그중에서도 교육에 투자하기 시작했다. 교육 자체를 부인하고 모든 교육기관을 없앴던 과거. 이제 교육 없인 나라의 재건이 없다는 것을 안 선교사들이 사람들에게 꿈을 불어넣기 시작했다. "아는 것이 힘이다"라는 프랜시스 베이컨의 말 대신 "여호와를 경외하는 것이 지식과 지혜의 근본"이라고 그 비밀을 말하고 다닌다. 우리 선교사님들의 노력이 열매를 맺고 캄보디아에 꽃이 필 날이 곧 오리라.

킬링필드 역사를 들으면서 더욱 마음이 애잔했던 것은 폴폿이 학살할 때 제일 순위가 장애인이었다는 것이다. 나치 치하에서 장애인이 제일 먼저 가스실로 끌려 들어갔던 것과 마찬가지로. 쓸모없는 인간이라는 낙인이 찍힌 채.
장애인 없는 청정지역(?)으로 만들겠다는 폴폿의 망상의 광란이 거꾸로 엄청나게 많은 장애인을 양산해 내는 지옥의 못으로 만들어 버렸으니 그곳에 발을 딛고 서 있다는 자체가 끔찍해 얼른 자리를 뜨고

말았다.

　이 지옥의 못은 지금도 지뢰와 집속탄 그리고 고엽제를 통하여 장애인을 양산해 내고 있다.

　킬링필드의 그림자는 오늘도 장애인 가족들에게 짙게 드리워져 있다.

지뢰밭 캄보디아에 세워지는 기쁨의 집

　캄보디아 전쟁의 상흔을 더듬어 보는 역사의 현장을 돌아보고 나오는 골목마다 한구석에 자리를 잡고 피리와 나팔을 부는 한 무리를 쉽게 볼 수가 있었다. 지뢰피해 상이용사들이었다. 마침 열대성 호우가 지나가며 뿌려대는 비를 뚫고 울려나오는 가락이 그들의 모습만큼이나 그들의 사연만큼이나 구슬프게 들렸다.

누가 저들을 거리로 몰았는가? 옛날 어린 시절 길거리에 나와 행패를 부리던 상이용사들의 분노와 절규가 떠올랐다.

누가 전쟁은 짧고 지뢰는 영원하다고 했던가. 수도인 프놈펜 시내는 물론이고 캄보디아 북부 바탐방 지역과 앙코르와트 사원 등 어딜 가나 지뢰 피해자들과 마주쳐야 했다. 캄보디아에 묻힌 지뢰는 자그마치 1,100만 개나 되는 것으로 추정된다. 국민 1인당 지뢰 1개꼴이 되는 셈이다. 폴폿 시절뿐 아니라 그 후 계속되었던 내전 때문에 이렇게 많아진 것이라고 했다. 지뢰밭 캄보디아라고 말해도 과언이 아닐 것이다.

가난한 나라 캄보디아는 사사건건 전쟁의 귀신 지뢰가 발목을 잡는다. 내전으로 파괴된 다리나 도로를 고치려 해도 지뢰가 골칫거리다. 겨우 3달러짜리 대인지뢰 하나를 파내는 데 200~1,000달러가 드니 말이다.

지뢰밭 캄보디아에 '기쁨의 집'을 세우기로 하고 프놈펜에서 약 90km 떨어진 도자기마을이라는 뜻인 깜뽕츠낭 지역에 약 5,000㎡의 땅을 사서 공사에 들어갔다.

우리가 집을 짓는 '기쁨의 집'의 땅 자체가 지뢰밭은 아니다. 그러나 지뢰밭으로 상징되는 캄보디아에 우리가 '기쁨의 집'을 짓기로 한 것은 캄보디아인들 마음에 박힌 지뢰를 제거해야겠다는 생각 때문이다.

　불신과 각종 우상으로 가득 찬 캄보디아 사람들의 마음에서 불신의
지뢰, 우상의 지뢰를 제거하는 방법은 오직 그리스도의 사랑밖에 없
으니까. 우리의 장애선교, ‘기쁨의 집’ 프로젝트는 그리스도의 사랑을
가장 사실적으로 잘 보여주는 주님의 손이라고 말할 수 있다. 캄보디
아인에게 그리고 장애인 가족들에게 손을 내미시는 하나님의 손을 붙
잡게 하자는 생각으로 지뢰밭 기쁨의 집 프로젝트를 시작하였다.

　비록 느릴지라도 한 사람 한 사람의 손을 잡다 보면 언젠가는 킬링
필드Killing Field, 죽음의 땅가 살베이션 필드Salvation Field, 구원의 땅로 바뀔 날
이 곧 오리라 믿어 의심치 않는다.

킴푹의 용서로 가는 길

　1972년 6월 8일이 무슨 날인지 기억하는 사람은 거의 없을 것이다.
그러나 월남전 막바지 소이탄으로 불바다가 된 마을로부터 울부짖으
며 달려나오는 벌거벗은 소녀의 사진을 기억하는 사람은 많을 것이
다. 바로 그 소녀의 이름이 킴푹이고 그 당시 그녀의 나이는 9살이었
다. 베트남 종군기자인 닉웃이 이 모습을 카메라에 담아 전쟁의 참화
를 생생하게 보여줌으로써 퓰리처상을 받은 바 있다. 그가 찍은 이 사
진은 베트남 전쟁의 종지부를 찍는 데 큰 영향을 끼쳤다고 한다.

킴푹은 불바다가 된 마을을 빠져나오면서 몸에 불이 붙어 온몸에 지독한 화상을 입어 후에 17번이나 수술을 받아야만 했다. 나중에 그녀는 사진 속에서 자신은 "너무 뜨거워, 너무 뜨거워"라고 울부짖었다고 회상했다. 벌거숭이로 울부짖던 사진 속의 소녀 킴푹은 그녀가 20살이 되던 1982년에 미국 CBS 방송에 출연하여 처참했던 베트남 전쟁의 참화를 증언하기도 했다.

그 후 그녀의 소식을 듣고 존 플러머라는 현직 목사가 그녀를 찾아와 자신이 당시 네이팜탄 공격을 명령한 조종사라고 하면서 킴푹에게 한없이 "미안합니다, 미안합니다"라고 무릎을 꿇었고 킴푹은 그를 일으키며 "이미 나는 용서했는걸요" 하며 오히려 그를 위로했다고 한다.

킴푹의 이런 용서의 힘은 어디서 난 것일까. 그녀의 간증을 직접 옮긴다.

1972년 6월 8일 나는 남베트남 뜨랑방이라는 나의 고향 마을에서 도망가고 있었습니다. 비행기가 저공비행을 하더니 4개의 폭탄을 투하했습니다. 내주변이 순식간에 불바다가 되었습니다. 그리고 나의 온몸이 불로 뒤덮이게 되었습니다. 내 옷은 금방 다 타버렸고 온몸이 화상을 입게 되었습니다. 그때 내 나이가 비록 아홉 살이었지만 난 지금도 그 순간 내가 무슨 생각을 했는지까지 생생하게 기억하고 있습니다. '이제 내 몸이 망가졌으니 사람들이 나를 이상하게 볼거야' 라고 말입니다. 그 와중에 어느 군인이 나에게 물을 마시게 했으며 물을 온몸에 끼얹었습니다. 그리곤 난 의식을 잃고 말았습니다.

머칠이 지난 후에야 내가 병원에 입원한 것을 알았고 난 병원에서 14개월 동안이나 입원하면서 17번의 수술을 받아야 했습니다. 병원에서 퇴원하여 집으로 돌아갔을 때는 더욱 비참했습니다. 집은 다 불타 버렸고 하루하루 끼니를 때우는 것조차 무척이나 힘들었습니다. 병원에 입원하는 동안 비록 몸이 힘들었지만 난 줄곧 의사가 되어야겠다는 생각을 했습니다. 그러나 나의 이런 생각도 베트남 정부가 나를 정치적으로 반전운동의 상징으로 사용함으로써 공부를 접어야만 했습니다.

내 속에는 슬픔과 분노가 거대한 산만큼이나 높아져 갔습니다. 나 자신이 싫었고 내 주위에 있는 건강한 모든 사람이 다 싫었습니다. 정말 죽고 싶었습니다. 나는 시간 대부분을 학교 도서관에서 종교서적을 읽으면서 삶의 의미가 무엇인지 알려고 발버둥쳤습니다. 내가 읽은 책 중의 하나가 바로 성경책입니다.

놀랍게도 1982년 성탄절 나는 예수 그리스도를 나의 구주로 영접했습니다. 나에게 극적인 반전이 되었습니다. 하나님은 나에게 용서하는 법을 배우게 하셨습니다. 용서하는 것은 가장 어려운 일로서 하루아침에 되는 것이 아닌 것도 깨달았지만, 마침내 용서하는 법을 배웠습니다.

용서는 나를 증오로부터 해방했습니다. 난 아직도 몸에 많은 상처가 있고 통증을 느끼고 살아가고 있지만, 나의 마음은 깨끗해졌습니다. 네이팜탄은 매우 강력했지만 믿음과 용서 그리고 사랑이 네이팜탄보다 더 강하다는 것을 체험하게 되었습니다. 우리가 진정 사랑과 소망, 그리고 용서하면서 사는 법을 배운다면 전쟁이 더는 이 세상에 존재하지 않을 것입니다.

그러면서 킴푹은 "사진 속의 소녀가 할 수 있다면 당신도 할 수 있지 않겠습니까?"라고 말하면서 누구든지 용서의 삶을 살 때 진정한 행복이 온다는 말로 자신의 간증을 마무리했다.

지금 미국베트남전참전군인재단VVAF의 부대표로 있는 에드 마일즈 씨는 그 자신도 전쟁중 베트콩이 매설해 놓은 지뢰를 밟고 튕겨 나올 때 다시 게릴라들이 쏜 총탄에 오른팔을 맞고 부상당한 상이용사다. 말하자면 전쟁과 베트콩에 대하여 한을 가질만한 사람이다. "나는 지뢰를 밟고 그들의 총탄에 맞았을 때도 나는 적들을 원망하지 않았다. 나도 그들을 죽였기 때문이다. 그저 나 자신에게 화가 났을 뿐이다"라고 말하는 마일즈씨는 고엽제 피해를 보고 고생을 하는 베트남 가족들을 오히려 위로하고 다닌다.

"평화로 가는 길은 내가 베트남에 가서 지뢰를 제거하고 전쟁 때 목숨을 잃고 아직도 유해조차 찾지 못한 전사자들의 뼈를 찾아주는 것이다. 미국은 고엽제 피해보상을 일부 참전용사에게 해주었을 뿐이고 아직도 베트남 사람들을 위해서는 전혀 고려하고 있지 않는다"라고 목소리를 높이며 자신이라도 베트남 사람들에게 용서를 빌어야겠다고 했다.

이 단체는 지금도 지뢰제거를 위해 옛 전쟁터를 다시 찾아다니고 있으며 지뢰 때문에 다리를 잃은 장애인들을 위해 의족을 만들어 주고 있다.

이처럼 피해자가 오히려 먼저 가해자에게 나서서 용서를 선언하는 이 그리스도의 사랑과 용서의 힘에 비해 왜 가해자는 아직도 진정한 회개를 하지 않는 것일까? 아이러니하게도 가해자는 피해자의 가슴에 맺힌 절규를 귀찮아한다. 자신들이 그 절규의 원인을 제공했음에도 말이다.

그렇다. 상처를 치유하는 길은 오직 용서밖에 없다. 그리스도의 용서는 세상의 용서와 달라서 굳이 가해자가 피해자에게 무릎을 꿇지 않아도 그 능력이 나타난다. 가해자가 용서의 키를 가진 게 아니기 때문이다. 용서의 열쇠는 오직 주님만이 가지고 계시기 때문이다.

구찌와 킬링필드와 같은 상처가 치유되는 방법은 오직 예수 그리스도 밖에는 없다는 지극히 평범한 진리를 확인하는 것이 선교의 첫 발걸음이라는 사실을 다시 한번 확인하였다.

8부 약함이 강함입니다

- 약함이 강함입니다
- 누워서 아프나 다니면서 아프나
- 똑같은 아픔을 겪지 않는다면 말하지 마라
- 그래도 선고는 하라시네
- 이유를 묻지 말고 목적을 물으세요

약함이 강함입니다

　약함이 어떻게 강함이 될 수 있을까? 그건 약자의 변명에 지나지 않을까? 약한 것이 강함이라면 강함이 약함이란 말인가? 약한 건 선한 것이고 강한 건 악이란 말인가? 사람들은 당연히 이런 의문을 갖게 마련이다. 작년 초 『장애신학』이 발간되었을 때 책을 사고 사인을 요청하는 사람들에게 "약함이 강함입니다"라는 나의 신조가 담긴 말과 함께 사인을 해주었다. 몇 사람들이 그 말에 큰 감동이 되었다고 했다. 구체적으로 어떤 감동이 왔는지 물어보지 않아서 알 수는 없지만 아마도 공감한다는 말이라기보다는 거참 그럴 수도 있을까? 하는 호기심일 거라는 생각이 들었다. 기존의 상식을 뛰어넘는 말이니까 말이다.

그렇다면, 어떻게 약함이 강함이 될 수 있을까?

약하다는 말이 허약하고 모자라고 빈약한 것을 뜻하는 것은 결코 아니다. 약한 것은 미덕이고 강한 것은 약한 것을 착취하는 악이라고 말하는 것도 아니다. 그렇다면, 어떤 약함을 두고 강하다고 말할까? 내가 말하고자 하는 약함은 강함을 가지고도 굳이 강함을 사용하지 않는 것을 말하는 것도 아니다. 약함은 문자 그대로 약한 것을 말한다. 몸이 약한 것. 돈이 없는 것. 사회적 신분이 낮은 것. 이런 것들을 그대로 말하는 것이다. 그렇다고 이런 약함 자체가 강함이라는 말을 하려는 것은 아니다. 그럼, 어떨 때 약함이 강함이 될까?

그것은 약함을 가지고도 약함이나 강함에 휘둘리지 않을 때라고 말하고 싶다. 예를 들어 몸이 약하다고 하자. 몸이 아프면 아픔이 요구하는 조건에 끌려가게 된다. 즉 아픔은 약과 휴식을 요구한다. 아픔은 기분을 좋게 상승시키기보다 우울하게 하며 아픔은 우리를 모든 면에서 수동적이며 폐쇄적으로 만든다. 아픔을 없애는 게 모든 사람의 바람이지만 자신의 바람대로 쉽게 아픔을 다 제거할 수는 없어서 사람들에게는 아픔을 대하는 천차만별의 행동양태가 나타나는 것이다.

약함이 강함이 되려면 약함이 요구하는 대로 반응해서는 안 된다. 따라서 약함이 강함이 되려면 "난 건강하지 못하기 때문에 건강을 요구하는 일은 할 수 없다"라든지 "난 돈이 없어서 하고 싶은 일을 할 수가 없다"와 같은 약하기 때문에 일어나는 자연적인 반응에 끌려가서는 안 된다. 오히려 난 그런 조건이 없긴 하지만 약함 때문에 할 수 없다고 생각하지는 않는다는 적극적인 저항의식이 요구된다.

그러나 반대의 논리 즉 "강함이 약함입니다"라는 말은 성립되지 않는다. 강함 자체가 약점이 되지 않기 때문이다. 그리고 일부러 의도적으로 약해질 필요도 없기 때문이다.

약함의 부정적인 반응은 두 가지 형태로 나타난다. 첫째로 약한 것은 반드시 벗어 버려야 한다고 생각하는 강박관념이고 다른 하나는 약함이 강함 앞에 설 때 비굴해진다는 것이다. 이 같은 반응은 사람들의 머릿속에 약함은 열등한 것이고 강함이 우월한 것이라는 잠재의식이 자리 잡고 있기 때문이다. 이런 생각은 오랫동안 자연 속에서 동물들과 같이 생활하면서 얻게 된 선험적 지식인지는 모르겠지만, 결코 성경에서 말하는 가르침은 아니다.

성경도 나약함을 약함의 미덕이라고 보지 않는다. 그렇지만, 약한 자도 얼마든지 강하게 사용될 수 있다고 말한다.

하나님이 이스라엘을 택하신 이유가 나라가 작기 때문이며 베들레헴이 고을 중에 가장 작아서 메시아를 탄생시킨 장소로 선택했다고 성경은 말한다. 다윗이 하나님의 선택을 받게 된 것도 작은 자였기 때문이다.

여기서 성경은 작은 것이 하나님의 선택 기준의 절대적 기준이라고 말하려고 하는 것이 결코 아니다. 이스라엘, 베들레헴, 다윗 모두가 작다는 이유로 선택되었지만 작은 것이 큰 것을 이길 만한 무슨 큰 장점이나 매력을 갖추고 있기 때문이 아니다. 다만, 작은 것이 하나님의 손에 들려 쓰일 때 강력을 파괴하는 초강력이 됨을 보여주기 위해서다.

마찬가지로 아무리 크고 강력한 것이라 할지라도 하나님의 손안에서 벗어나 있으면 허무하게 무너진다는 것을 성경은 다윗과 골리앗을 통해 말하려 하신 것이다.

그러므로 약하다고 한탄할 필요는 없다. 노력을 해도 안 된다고 자신을 무능력한 사람이라고 자탄할 필요도 없다. 갖은 방법으로 치료해도 고쳐지지 않는 질병이 있다고 신세 한탄할 필요가 없다는 말이다. 오히려 우리의 약함을 겸손하게 주님께 내려놓고 하나님의 강함이 나타나시도록 날마다 주님의 능력을 의지하는 삶을 살 때 가장 행복한 삶을 살 수 있을뿐더러 가장 감사한 삶을 살 수 있다. 왜냐하면 "오늘도 하나님이 하셨습니다"라는 고백을 순간순간 할 수밖에 없기 때문이다.

누워서 아프나 다니면서 아프나

오랫동안 아프면서 터득한 진리가 있다. 누워서 아프나 다니면서 아프나, 인상 쓰며 아프나 웃으면서 아프나 아픈 것은 마찬가지라는 것이다. 그렇다면, 할 일 하면서 아프자는 말이다. 물론 이런 말이 적용되지 않는 환자도 많을 것이다. 그분들한테는 심히 실례가 되는 말이기에 미리 양해를 구한다. 내가 가진 면역결핍무력증이란 것이 정말 희한한 병이어서 병 초기에는 수저 들기도 어려울 정도로 힘이 없었다. 그런데 몇 년 동안 누워 있으면서 오기가 생기기 시작했다. 어차피 낫지 않을 것이라면—의학적으로 불치 판단을 받았다— '환자'로 살지 말고 '아픈 정상인'으로 살자고 다짐했다. 환자는 병이 주인이 된 사람을 말하고 '아픈 정상인'은 사람이 주인인 환자를 말한다.

　발병 초기에 괜히 무게 잡고 운동까지 시작했다가 '근무력증' 까지 겹쳐 한동안 갑절로 고생해야만 했지만 그래도 마음만은 시원했다. 모처럼 바람을 쐬었으니까. 만일 내가 병의 요구대로 방안에 그대로 누워 있었으면 근무력증을 겪지는 않았겠지만, 바깥세상이 주는 활력은 받지 못했을 것이다. 그것이 나로 하여금 계속 움직이게 하는 동인이 되었다. 내 병이라는 게 각종 다른 병들을 불러오는 괴물이기 때문에 한 가지 병이 끝나면 또 다른 놈이 찾아오곤 했다. 그럴 때마다 호들갑을 떨면서 거기에 맞는 특효약과 유명한 의사를 찾아다니느라 법석을 떨었다면 아마도 난 우울증에서 빠져나오지 못했을 것이다.

　각종 병을 교대로 겪으면서 "이 병은 이런 고통이 있구나. 이제야 이 병으로 고생하는 환자를 이해하겠네" 하며 동병상련의 정을 느끼는 걸로 보람(?)을 삼으며 병을 이겨냈다.

　내가 목회를 할 때 교인 중에 불면증에 시달리는 정 집사님이라는 분이 있었다. 주일날 교회만 오면 집사님은 예배시간 내내 졸고 있다가 예배가 끝나면 시들시들한 소리로 "잠 못 자서 피곤하니까 아무도 말 걸지 마세요"라고 하면서 다른 사람들을 피곤하게 했다. 마치 불면증이 무슨 면죄부라도 되는 것처럼 이 말을 내뱉고선 그는 아무 일도 하기 싫어했다. 몇 달이 지나도록 주일마다 똑같은 말로 똑같은 태도를 보이는 집사님이 보기 싫어서 난 참다못해 한마디 톡 쏘아 주었다. "집사님, 매일 피곤하다고 노래 그만 하시고 불면증에 시달려 잠이 오지 않으면 그 시간에 성경 읽고 기도하세요. 그러다 보면 잠이 솔솔 올 겁니다."

　나의 이런 말에 집사님은 어처구니가 없었던지 "다 해보았는데 소용없거든요”라고 말을 받아치면서 눈초리를 추어올렸다. 난 속으로 '불면증이 무슨 병이라고' 생각하며 몹시 못마땅했다.

그런데 발병 후 1년 후에 나에게 불면증이 찾아왔다. 매일 누워만 있으니까 불면증이 생길 만도 하겠다고 생각했다. 따라서 낮에는 잠자는 걸 꾹 참고 밤에 잠자기를 시도했다. 그런데도 잠이 오지 않았다. 뜬 눈으로 밤을 새웠다. 일주일이나 잠을 자지 못했는데도 통 잠에 들 수가 없었고 정신은 몽롱하기만 했다. '아, 기도하고 성경 보면 되겠구나' 생각하고 몽롱한 상태에서 성경을 읽기도 하고 기도하기도 했다. 그래도 잠은 들지 않았다. “잠이 안 오면 잠이 올 때까지 성경을 읽으면 될 것 아냐?”하고 용감하게 말했던 생각이 들었다. 그런데 잠이 들 때까지 성경을 읽을 수가 없었다. 이렇게 처절하게 불면증으로 7개월을 고통 가운데 지냈다. 그 후 집사님께 전화를 들었다.

“죄송합니다. 집사님, 내가 불면증으로 시달려보니까 성경 읽어도 소용없더라고요.”

누가 성경을 수면제라고 했던가?

똑같은 아픔을 겪지 않는다면, 말하지 마라

사람마다 아픔이 있다. 살아가면서 아픔은 필연이다. 아픔의 종류도 다르다. 자신이 선택할 수 있는 것도 아니다. 아픔은 절대적이기 때문이다. 아픔은 다른 사람의 것과 비교할 수 없다. 자신의 아픔이 가장 큰 아픔이기 때문이다. 때론 다른 사람이 아파하는 것을 보고 그 사람을 위로한답시고 "그건 내 아픔과 비교하면 아무것도 아니야!"하고 말할 때가 있다. 그런 말을 들으면 아픔이 더 심해진다.

아픔을 먼저 겪은 사람이 나중에 겪는 사람에게 도움이 될 수 있지만, 독이 될 수도 있다. 먼저 겪은 사람이 자신의 경험을 표준으로 해서 말하기 때문이다. 하지만, 똑같은 종류의 아픔을 똑같은 기간 그것도 똑같은 환경 속에서 겪지 않은 것이라면 다른 사람의 아픔을 잘 이해할 수 없다. 아니 똑같이 경험했다 할지라도 상대방의 아픔을 그대로 이해할 수가 없다. 사람 자체가 다르기 때문이다.

그러므로 아파하는 사람에게 필요한 것은 아픔을 어떻게 이길 수 있을까 하는 장황한 설명을 단 강의가 아니다. 교육으로 아픔을 이길 수 없기 때문이다. 또 어떤 이는 말한다. 잘 참는 사람이 아픔을 잘 이긴다고 말이다. 겉으로 보기엔 맞는 말 같지만 잘 참는 사람도 속으로 더 아파하는 사람이 많아서 정답은 아닐 것이다.

사람들은 너무 쉽게 말한다. 함께 울어주지 않으면서 울지 말라고 한다. 빵을 주지도 않으면서 배고픔을 이기라고 한다. 같이 있어 주지도 않으면서 외로움을 이기라고 한다. 아파하지 말고 그냥 잊으라고 한다. "하나님께서 다 돌보아 주실 것이라는 말"을 무책임하게 뱉으면서.

아픔의 크기는 자로 잴 수 없다. 아픈 정도를 무게로 달 수도 없다. 아픔은 삽으로 퍼다 다른 곳으로 나를 수도 없다. 그러나 주님은 우는 자와 함께 울고 아파하는 자와 함께 아파하라 하신다. 사실 우는 자와 아파하는 자의 슬픔에 똑같이 동참할 수 없다. 우는 자와 함께 울라는 말은 우는 사람을 이해한다는 듯 마구 말하면서 우는 사람을 더 비참하게 만들지 말라는 뜻이다. 아파하는 자와 함께 아파하라는 말은 아파하는 사람의 아픔과 슬픔을 다 이해한다는 듯 지껄이지 말라는 뜻이다.

아픔은 논리적으로 말할 수 없다. 아픔은 수학적으로 계산할 수 없다. 아픔은 과학적으로 처방할 수 없다.

그저 함께 하는 것만으로도 최고의 특효약이 될 수 있다.

그래도 선교는 하라시네

지금도 선교를 위해 선교지에 도착하면 영락없이 몸에 고장이 온다. 비행기를 타는 내내 잠을 잘 못 자는 탓도 있겠지만, 여전히 장거리 여행은 나에게 무리가 되기 때문이다. 미국에서 아시아 지역을 갈 때면 어김없이 도착 당일은 거의 무의식 상태에 빠진다. 이상하게 목에 편도가 붓는 것부터 시작된다.

2008년 8월인가는 중국에 도착하자마자 호텔로 가서 쓰러지고 말

앉다. 눈을 뜨고 보니 다음 날 저녁이었다. 그날 만나기로 약속한 분에게 전화했더니 깜짝 놀라며 "아무 일 없으세요?"라고 물었다.

아침에 만나기로 했었는데 저녁까지 아무 연락이 없었으니 정말 걱정이 많이 되었나 보다.

"네, 정신이 하나도 없어서 어제 누웠는데 지금 일어났네요. 지금은 괜찮습니다."

"어휴, 괜찮으시다니 감사하네요. 오늘 우리는 사람들을 풀어 박사님을 찾으러 시내 모든 병원을 다 수배하고 다녔습니다. 분명히 어디 쓰러지셨을 것으로 생각했지요."

나의 선교는 늘 이렇게 아슬아슬하다.

선교지에 나가면 보통 때와 확연하게 달라지는 나의 모습이 있다. 그것 때문에 내 형편을 잘 모르는 사람들이 오해하기도 하지만. 선교지에 나가면 난 거의 무아지경(?)에 빠지기 때문에 입을 열 힘도 생각할 여유도 없어진다. 다른 사람을 쳐다볼 힘도 없다. 그래서 말이 없어진다. 표정도 없다. 그러다가 정신이 좀 나면 정신없이 농담을 해댄다. 솔직히 이렇게 하는 것은 나의 건강을 위한 것이다. 감정의 기복이 있다고 생각하는 사람들이 있지만, 사실은 전혀 그런 게 아니다. 나는 컨디션 조절을 하고 있을 뿐이다.

선교지에서 돌아올 때마다 난 한마디 한다. "선교지 나가는 것 이제 못할 것 같아."

"아이고 목사님, 한 달 후엔 또 짐 싸실 거면서…." 옆에서 스태프들이 언제나 똑같은 말로 응수한다.

선교지에서 돌아오면 적어도 한 달 동안은 거의 아무것도 못하고 쉬어야 한다. 그 후엔 정말 선교지가 그리워진다.

모든 게 잘 다듬어진 미국의 인공미보다 가공되지 않은 선교지의 자연미가 더 좋다. 이곳의 세련된 몸짓의 교양미보다 그들의 순박한 웃음이 더 보고 싶기 때문이다.

훈련된 "땡큐" 소리를 듣는 것보다 어쩔 줄 몰라 하는 어린 아이들의 해맑은 순진함이 내 몸을 다시 끌어당기기 때문이다.

내가 미국에 사니까 처음엔 남미 쪽만을 선교하기를 바랐다. 그게 지리적으로나 경제적으로 그리고 내 건강상 남미 쪽을 대상으로 하는 게 지극히 합리적인 생각이니까. 그런데 하나님은 아시아 쪽으로 일을 터뜨리신다.

"하나님은 일을 왜 그렇게 비합리적이고 비생산적으로 하십니까?" 의아해하는 나에게,

"잔소리 말고 가기나 혀. 부름 받는 그때가 좋은 겨." 다정하게 충청도 말투로 말씀하시는 하나님의 대답이 언제나 정겹다.

선교 체질이 어디 따로 있겠는가마는 건강만 가지고 따진다면 정말 난 선교 체질이 아니다. 조금만 잘못 먹어도 영락없이 설사를 한다. 옆에서 누가 깨어 있으면 잠도 들지 못한다. 누가 옆에서 코를 고는 날이면 밤새워 엎치락뒤치락한다. 밤낮없이 자주 화장실을 들락날락해야 한다. 장거리 비행기 여행은 고문이다. 정확한 시간에 먹지 않으면 그때부터 탈이 난다. 언제나 비몽사몽이다. 등등. 이런 사람이 어떻게 선교를 잘할 수 있겠는가?

"하나님 이제 그만 하면 안 될까요?"

"정말 그럴래?"

"아니 뭘, 그만큼 힘들다는 거죠" 하며 내가 꼬리를 살짝 내린다.

그만큼 선교여행이 오히려 나를 살리는 일이니까.

선교는 물론 하나님나라를 증거하는 일이지만 선교여행은 그런 일이 아니더라도 선교적 낭만이 있다. 선교지에 가면 마음이 편해진다. 선교지 사람들의 여유가 주는 편안함이다. 미국 같은 조급함과 시간적 압박이 없어서 좋다. 정작 가난과 열악한 환경을 보고 불편해하는 사람들은 그 사람들이 아니라 방문객들이다. 우리는 저들이 할 일이 없어 빈둥빈둥 잡담이나 하고 논다고 한다. 그러면서 우리는 열심히 일하기 때문에 서로 대화할 시간이 없다고 한다. 저들은 우리를 보고 무엇 때문에 사느냐고 묻는다. 일 때문에 서로 대화를 못하고 살 바에야 일을 때려치워야 하는 게 아니냐고 반문하는 저들의 의아해하는 질문 앞에 난 아무런 대꾸도 하지 못했다.

한번은 중국의 어느 산골마을을 시외버스를 타고 방문할 때였다. 한 10시간쯤 타고 가야 하는 거리였다. 아침 일찍 버스를 타고 네댓 시간쯤 달렸을 때 버스가 어느 마을 작은 시장 앞에 서니까 사람들이 일제히 다 내리는 거였다. 혼자 여행을 할 때는 눈치로 잘 때려잡아야 하니까 사람들이 다 내리는 걸로 보아 좀 쉬었다 갈 모양 같았다. 운전사도 조수도 그리고 모든 승객도 시장 안에 있는 작은 식당으로 들어가 점심을 사먹었다. 나도 만두 몇 개를 사먹었다. 한 시간쯤 지났을까? 버스를 타라고 해서 다시 탔다. 그런데 버스 모든 창문을 닫으라고 하더니 밖에서 호스로 물을 뿌려댔다. 세차를 하는 것이었다.

　아무도 짜증을 내는 사람이 없었다. 아니 이건 전세버스가 아니고 직행버스도 아니고 엄연히 마을과 마을을 다니며 승객을 실어 나르는 정규 시외 노선버스였다. 그런데 가다가 밥도 먹고 차도 닦고 중간 중간에 내려달라고 하는 사람 내려주고 손 흔드는 사람 있으면 태워주기도 하고. 헉. 어떤 때는 조수가 내리더니 버스 바로 앞에서 바지를 내리고 용변을 보기도 했다. 짜증이 나는 게 아니라 타임머신을 타고 옛 고향으로 돌아간 듯 정겹게 느껴졌다. 이처럼 선교지는 사람 사는 맛을 느낄 수 있다. 후진국이니까 그런다고 말하지 말자. 선진국이든 후진국이든 정이 넘쳐야 좋은 나라다.

　중국을 흔히 만만디의 나라라고 한다. 그래서 선교도 만만디로 해야 한다고 주장한다. 반은 맞고 반은 틀린 말이다. 지금 중국은 만만디의 나라가 아니다. 아마 세계에서 가장 빠른 나라인지도 모른다. 하룻밤이면 신상품을 짝퉁으로 내놓는 나라니까. 요리를 잘하는 나라라서 그럴까? 고기를 넣을 때, 채소를 넣을 때, 불을 세게 할 때, 약하게 할 때를 잘 알기 때문인지 중국사람들은 만만디를 할 때와 콩 볶아 먹을 것처럼 후다닥 할 때를 안다. 삶에서 온 지혜인 듯하다. 중국이 더 세속화되기 전에 재빠르게 성령의 기름을 붓는 게 중국선교에 제일 시급한 일이라면 결코 만만디로 해서는 될 일이 아니다. 그만큼 중국은 무서운 속도로 변하고 있으니까.

이유를 묻지 말고 목적을 물으세요

사람들은 무슨 일이 있을 때마다 이유를 찾는다. 원래 세계의 질서가 인과법칙이므로 모든 결과에는 이유가 있기 마련이다. 예를 들어 물을 주지 않으면 식물은 죽게 되고 태양이 뜨면 밝아지고. 그러나 정신 세계나 영적 세계에서 일어나는 일에 대한 원인을 찾기는 쉽지가 않다. 모든 일에 그 원인을 분석하는 일은 쉽지도 않을뿐더러 가능하지 않은 면도 있다. 사람들이 자신에게 어려움이 닥칠 때 제일 먼저 묻는 말이 "왜"라는 말이다. "왜 나에게 사고가 생겼을까?" "왜 나의 자녀가 장애아로 태어났을까?" "왜 내가 이런 고통을 당해야만 하는가?"라는 이 "왜"라는 질문만큼 풀기 어려운 질문도 없는 것 같다. 여기에 함정이 있음과 동시에 해답이 있다. 여기서 함정이라 함은 이 질문에 대한 답을 명확히 얻어도 달라지는 게 하나도 없다는 것이다. 장애아가 태어난 것이 의학적 실수라든가 또는 환경오염 때문이라든가 심지어는 부모의 죄 때문에 생겼다는 "왜"에 대한 정확한 이유를 얻는다 해도 장애 자체를 되돌려 놓게 할 수는 없는 법이다. 그래서 "왜"라는 질문에 대한 답을 얻어도 얻지 못해도 달라지는 것이 없는데도 "왜"라는 질문에 매달려 평생을 괴롭게 산다면 분명히 잘못된 삶을 사는 것이다. 그렇다면, 해답은 무엇인가?

요한복음 9장에 날 때부터 맹인으로 태어난 사람이 누구의 죄 때문에 그렇게 되었는지 "왜"라고 묻는 제자들의 문화적인 질문에 예수님은 "왜"라는 질문에 대한 답을 하지 않으시고 "어떻게"라는 인생의 목적으로 답을 하셨다. 다시 말하자면 문제의 원인에 대해서 더는 따질 필요가 없다는 것이다. 다만 문제를 가지고도 어떻게 살 것인가에 대한 인생 목적을 가지라는 것이다. 즉 장애를 가지고도 하나님께 영광을 돌리고 살 수가 있다는 것이다. 예수님의 이 대답은 장애인 가족들에게는 혁명적인 대답이다. 왜냐하면 장애는 저주이며 또 불행이기 때문에 삶의 의미가 없다고 주장하는 세상 속에 살아가는 그들에게 장애를 가지고도 하나님께 영광을 돌릴 수 있다니 그것은 복음이 아닐 수 없다. 오늘날에도 여전히 사람들은 똑같은 생각을 가지고 있다. 하나님의 축복을 받은 삶은 돈 잘 벌고 건강하며 공부 잘하고 승진하고 권력을 잡는 일이다. 그렇게 하면 하나님께 영광을 돌리는 삶이라고 생각한다. 그러기 때문에 돈을 잘 못 벌거나 몸이 아프거나 자식이 대학에 들어가지 못하기라도 하면 하나님의 영광을 가리는 일이라고 단정하고 괴로워한다. 그러나 정작 하나님은 우리가 돈이 있으나 없으나, 건강이 있으나 없으나, 학식이 많으나 적으나 전혀 개의치 않으시고 나름대로 영광을 받으실 준비가 되어 있으신 분이다. 우리가 생각하는 불행이 하나님께 더 나아가는 축복이 될 수 있다는 뜻이다. 그러나 가장 불행한 사람은 불행의 이유만 묻고 풀리지 않는 답 앞에 탄식만 하다가 고통을 통해 주시는 축복을 받지 못하는 사람이다. 이유를 묻지 말고 목적을 묻자. "나는 왜 이렇게 생겼을까?" "나는 왜 남보다 머리가 모자랄까?" "태어난 나의 가정환경은 왜 이리도 열악할까?" "나는 왜 하는 일마다 풀리지 않을까?" "나는 왜 운이 그토록 따르지 않을까?" "나는 왜 유난히도 많은 어려움을 겪을까?" "왜 저 사람은 나보다 노력도 하지 않고 하나님도 잘 믿지 않는데 잘만 살까?" 이렇게 "왜"라는 질문을 계속 해보아야 달라질 것은 하나도 없다.

"왜"라고 하는 질문은 자신을 과거의 노예가 되게 한다.

대신에 "어떻게"라고 묻자. "비록 아프지만 '어떻게' 명랑한 삶을 살 수 있을까?" "돈이 없지만 '어떻게' 기쁘게 살아갈 수 있을까?" "지식은 많지 않지만 '어떻게' 지혜롭게 살 수 있을까?" 이렇게 묻다 보면 어느새 삶은 자신의 통제하에 있게 된다. 자신의 인생을 스스로 운전하지 못하는 사람이 불행한 사람이며 장애인이다. 하나님이 공평하다는 말은 하나님이 모든 사람에게 똑같은 조건을 주셨다는 말이 아니다. 조건은 다르지만, 그 조건에서 똑같은 결과를 낼 공평한 기회를 주셨다는 말이다. 다시 말한다면 다섯 달란트 받은 사람이 네 개를 남기고 두 달란트 받은 사람이 두 개를 남기고 한 달란트 받은 사람은 그 하나를 묻어두었다고 하자. 이 세상에서는 여전히 네 개 남긴 사람이 여전히 많이 가지고 있기 때문에 능력이 많은 사람이라고 한다. 하지만, 하나님의 성적표에는 80점이다. 다섯 개로 네 개를 남겼으니까. 그렇게 따지면 두 개 남긴 두 달란트 받은 사람은 100점이다. 반면 하나를 묻어둔 사람은 직무 유기자로 문책을 당한다. 그러므로 우리는 자신이 받은 것에 대해 "왜"라고 묻지 말고 "어떻게" 남길 것인가를 물어야 한다.

이 생각이 나로 하여금 장애선교에 매진하게 하는 힘이다.

후기

물론 이 책은 내가 직접 경험한 것들의 짧은 이야기지만, 사실 나 혼자 한 것은 아무 것도 없습니다. 우리 선교부에 속한 식구들의 이야기를 적어 놓은 것뿐이니까요.

장애인을 불쌍하게 여겨 다가가는 동정심에서
장애인을 도우면서 카타리시스를 느끼는 보상심리에서
육신도 불쌍한데 지옥가면 얼마나 불쌍할까 하는 특심한 전도의 열심에서
이제는 한걸음 더 나가자는 마음에서 이 책을 썼습니다.
이 책의 이야기들은 장애인들이 동정의 대상이 아니라 오히려 선교의 주체가 되어 하나님나라를 넓혀가는 뜨거운 이야기를 담았습니다.

이 책의 내용이 되어준 여러 친구들 그리고 장애인 가족, 사역자들께 먼저 감사의 말씀을 드립니다.
언제나 나의 사역의 솟는 힘과 기쁨을 주는 사랑하는 딸 조이의 미소가 또 이 책을 끝내도록 만들었습니다. 사랑하는 아내의 한없는 인내와 두 아들의 응원이 큰 힘이 되었습니다.

김진희 전도사님을 비롯한 스태프들과의 진정한 공동체의 삶은 결

코 빼앗길 수 없는 축복이자 나의 힘의 근원입니다.

지금까지 사역에 큰 힘이 되어 주신 분들이 많지만 이번엔 꼭 언급하고 싶은 몇 분들이 있습니다.

나를 장애선교의 길로 들어서도록 등대역할을 해주신 마마 양선교사님, 형님의 마음으로 한결같은 사랑으로 돌보아주시는 김기태 장로님, 어려울 때 곁에서 말없이 힘이 되어준 김복천 집사님 부부, 이름날까 쉬쉬하며 주님의 이름으로 큰 힘이 되어 주시는 공 장로님께 감사의 고개를 숙입니다. 선교회 시작할 때부터 동역의 파트너가 되어 주신 시카고 뉴라이프 교회의 장춘원 목사님과 소신껏 선교할 수 있도록 배려해 주신 이사회의 전폭적인 지지와 격려는 큰 버팀목이 되었습니다.

책의 출판을 기꺼이 맡아주신 대장간 출판사에 깊이 감사드립니다. 그냥 책을 찍어 파는 출판사가 아니라 책에 담은 삶의 모습에 동참하는 출판사의 배사장님의 격려에 큰 힘을 받습니다.

마지막으로,
이토록 아름다운 이야기가 나올 수 있도록 이유 없이 조건 없이 장애선교에 힘이 되어 주신 여러 후원자님들과 각 교회 선교부에 이 책을 헌정합니다.